하브루타
미술 교과서

창의적인 생각을 열어주는 행복한 시간

하브루타 미술 교과서

초판 1쇄 인쇄 2020년 11월 30일
초판 1쇄 발행 2020년 12월 10일

지은이 권태남

발행인 백유미 조영석
발행처 (주)라온아시아
주소 서울특별시 서초구 효령로 34길 4, 프린스효령빌딩 5F

등록 2016년 7월 5일 제 2016-000141호
전화 070-7600-8230 **팩스** 070-4754-2473

값 16,000원
ISBN 979-11-90820-97-4 (13370)
979-11-90820-18-9 (세트)

창의적인 생각을 열어주는 행복한 시간

하브루타

미술교과서

권태남 지음

RAON BOOK

하브루타 미술교육으로 4차 산업혁명 시대를 리드할 미래 아이로 키워라!

질문(question)이라는 단어 속에는 다른 단어가 들어 있다. '찾아서 추구함(quest)'이란 아름다운 말, 나는 그 단어를 사랑한다.

– 엘리 위젤, 유대계 작가이자 인권 운동가

삶은 질문과 대답의 연속이다. 지금 와서 돌아보니 내 인생의 길잡이는 늘 질문으로 시작되었다. 질문은 언제나 인생의 디딤돌이 되어주었고, 생각에 생각을 이어가며 주도적으로 내 길을 갈 수 있게 해주었다. 내 인생의 커다란 질문 세 가지는 나를 어느덧 지금까지 이끌어주었다.

산골 소녀의 첫 번째 질문이 시작되다

강원도 강릉을 지나 태백으로 올라가기 전, 도계라는 작은 마을이 있다. 나는 그곳에서 태어나 자랐고 초중고를 모두 그곳에서 다녔다. 새로운 경험을 하기도 힘들고 문화와 예술을 접하기도 어려운 열악한 환경의 시골이었다. 고등학교 졸업반 때는 지역의 특성상 대부분의 친구들이 4년제 대학보다 전문대를 선호했다. 취업을 선택해 빨리 독립하고 싶었던 것이다. 나도 별반 다르지 않았다.

그때 내 인생에 중요한 첫 번째 질문이 다가왔다. 당시 나는 "나는 무엇을 좋아하는가? 무엇을 하며 살아가고 싶은가?"라는 질문을 스스로에게 하게 되었다.

내게 무언가를 그리거나 만드는 시간은 밤을 새워도 지루하거나 힘들지 않았다. 그래서 대학에 진학해 제일 좋아하는 미술을 전공하기로 마음먹었다. 그런데 입시미술에 대한 정보를 구할 곳도, 조언을 얻을 곳도 없었다. 시골이라 입시미술은커녕 일반적인 미술학원도 하나 없는 곳에서 막연하게 미대에 가겠다는 꿈을 꾼 것이다.

"너희 집 잘살아? 돈 많아? 미대는 아무나 가는 곳이 아니야! 돈 많은 집 애들이 가는 거야!"

미대를 가고 싶다는 말에 돌아온 담임선생님의 대답은 상처가 되었다. 고개를 숙인 채 복받치는 눈물을 삼켜야 했다. 하지만 곧 오기가 발동했고, 나는 굴하지 않고 혼자서라도 해내 나의 실력을 증명하겠다고 다짐했다. 힘들게 수소문한 끝에 어려운 환경에서 입시를 준비하는 아이들의 그림을 봐준다는 어느 화가를 소개받게 되었다.

그때부터 자율학습이 끝난 밤 10시에 막차 버스를 타고 그 선생님에게 가서 새벽 4시까지 그림을 그렸다. 잠시 눈을 붙이고 다시 아침 7시에 첫 버스를 타고 학교에 등교하면 정신이 몽롱했다. 이전까지는 한 번도 난 적이 없었던 코피가 종종 쏟아졌다. 그런 노력 덕분인지 그 후로도 많은 분들에게 도움을 받았고 결국 미대에 진학할 수 있었다.

엄마가 되어 맞이한 두 번째 질문

미대 졸업 후 아이들에게 미술을 가르쳤고, 미술교육 회사의 지사장으로 커리어를 쌓았다. 그런데 오랜 시간 아이들을 지도해도 아이를 키워보지 않아서인지 미세한 아이들의 심리를 알기에는 어려움이 있었다. 그래서 늘 느끼던 부족함을 채우기 위해 대학원에서 미술심리치료를 공부하게 되었다.

아이는 태어나서 만 4세 전까지 주양육자와 유대감을 형성하지 못하면 정서불안을 갖게 된다. 가장 가까운 부모와 신뢰를 쌓지 못한 채 성인이 되면, 소외감을 극복하지 못하고 사회문제를 일으킬 가능성도 배제할 수 없다. 희대의 연쇄살인마들 모두가 불행을 겪었다는 이야기를 TV 프로그램에서 본 적이 있다. 그만큼 유년기의 양육이 중요하며, 아이의 평생을 좌우한다 해도 과언이 아니다.

시간이 흘러 딸을 낳고, 나도 한 아이의 엄마가 되었다. 그동안 교육 현장에서 많은 아이와 부모들을 마주하면서 늘 "내 아이는 어떻게 키울까?"라는 질문을 해왔다. 나는 아이를 잘 키우기 위해 네 살 전까지는 직접 양육하기로 마음먹고, 일을 그만두고 전업주부로 살기로 했다. 그런데 행복하고 안정적이었던 생활은 아이가 두 돌이 되던 해에 급격히 어려워진 남편의 사업 때문에 변화를 겪을 수밖에 없었고, 생각지 못한 지독한 생활고까지 겪게 되었다.

그런 상황에서도 "아이를 어떻게 키울 것인가?" 하는 질문은 계속됐다. 고민 끝에 이 질문에 대한 나만의 원칙을 만들게 되었다. 그중 한 가지는 '아이와 질문과 대답을 하며 대화를 나눈다'는 것이다. 아이가 "이게 뭐야?"라고 질문하면 바로 답을 알려주기보다 "그러게, 이게 뭘까?"라고 다시 질문을 던져서 아이가 스스로 생각하게 하는 대화법을 실천했다. 또 그림책을 읽어줄 때는 이야기의 끝 부분에 아이의 상상력을 보태 스토리를 잇게 했다. 질문을 하고 이야기를 만들고 미술 놀이를 하며 딸아이와 늘 함께했다. 친구가 되어주자고 생각했기에 아무리 힘들어도 함께 놀아주고 책을 읽어주며 전투적으로 엄마의 역할에 충실했다.

다행히 아이는 한 번도 나를 힘들게 하지 않았다. 아이는 또래들에 비해 더 많은 어휘를 쓰고, 말도 빨랐으며, 어려운 말에 대한 이해력도 높았다. 자신의 생각을 펼치는 것에 주저하지 않고 자기주장을 잘하는 아이로 성장했다.

세 번째 질문, 경단녀를 벗어나다

아이가 드디어 어린이집을 갈 수 있게 되었다. 이제는 내 일을 해도 아이에게 미안해하지 않을 수 있겠다는 생각이 들었다. 그런데 막상 그때가 되고 보니 두렵고 용기가 나지 않았다. 지난 5년간의 경력 단절이 내 발목을 잡는 것이었다.

자괴감과 자존감이 바닥을 찍었지만, 그때마다 까만 눈동자가 예쁜 천진난만한 딸아이를 생각하며 마음을 다잡곤 했다. 그때 마음속에 세 번째 질문이 떠올랐다. "내 아이에게 어떤 엄마로 남고 싶은가?" 그렇게 막다른 길 앞에서 만난 질문에 답함으로써 "그래, 내 아이 미술교육은 내가 하겠어!"라고 결론을 내렸고 또다시 일어설 수 있는 힘을 얻었다.

아이를 키우면서 적용했던 질문과 대화의 하브루타 교육법을 미술교육에 적용해 커리큘럼과 프로그램을 준비했다. 우리 아이와 또래 아이들 4명을 시작으로, 우리 집 거실에서 미술홈스쿨을 시작했다. 그런데 홈 스쿨이 입소문을 타기 시작했고, 6개월 만에 수강하는 아이들이 80명으로 늘어 대기자가 생길 정도의 놀라운 성과로 나타났다. 이후 자리를 마련해 센터로 전향하고 나서는 다시 4개월 만에 한 달 등록 회원 200명이라는 초고속 성장을 하게 되었다.

시대에 따라 트렌드가 다르고 교육의 콘텐츠도 변하겠지만, 변치 않는 것은 교육의 본질이다. 나는 한 아이의 엄마가 되어 유대인 교육의 특별함을 알게 되었고, 아이를 키우는 내내 유대인 교육 문화인 하브루타를 생활에서 실천하며 아이를 양육하고 교육시켰다. 그리고 그 과정에서 실제로 내가 경험한 것으로 미술교육을 더 발전, 변화시키고 싶었다. 절박한 마음으로 사교육 시장에 다시 서게 되었지만 처음의 마음으로 성장하고 더 나아가려 했으며, 교육자로

서도 전환점을 맞았다.

유대인들이 오늘날 큰 힘을 갖게 된 배경은 그들의 특별한 교육 방법에 있다. 그중 핵심이 되는 것이 '하브루타'다. 하브루타의 가장 큰 장점은 남과 다른 생각을 하도록 만드는 것이다. 이제는 하나의 문화로 자리 잡은 하브루타 교육을 통해 아이들은 매 순간 질문과 토론과 논쟁을 하며 스스로 생각하는 훈련을 하게 되고, 이를 통해 내적 성장을 이룬다. 또 자신의 생각을 당당하게 표현하고 타인의 의견을 경청하며, 새로운 창의적 결과를 도출해낸다.

'남보다 잘하는 것'이 아닌 '다르게 생각하는 것'이 가장 중요하다. 창의성을 중시하는 미술교육에서도 가장 중요한 것은 남과 다른 독창성, 즉 '나만의 생각'이다. 4차 산업혁명 시대인 지금, 로봇과 경쟁해야 할 인간의 능력은 바로 창의력이다. 그리고 이때의 창의력은 남과 다른 생각이어야 한다. 남과 다른 생각 백 가지 중 아흔아홉 가지가 쓸모없는 생각일 수 있지만, 나머지 하나가 혁신적으로 세상을 바꿀 수 있는 쓸모 있는 생각이 될 수도 있다. 이것이 내가 지향하는 미술교육과 하브루타의 공통점이다.

유대인 교육법인 하브루타가 지향하는 바는 '스스로 생각하는 사람'으로서 주체적인 삶을 사는 것이다. 미술교육에 하브루타 교육법을 접목한 이 책이 급변하는 시대에 우리 아이들이 주체적이고 글로벌한 인재로 커갈 수 있도록 돕는 계기가 되길 바란다.

권태남

차례

2장

하브루타로 100가지 생각 만들기

3장

생각의 힘을 키우는 하브루타 미술 실전법

4장

책으로 묻고 그림으로 답하다

5장

한 걸음 더: 디지털 드로잉 시작하기

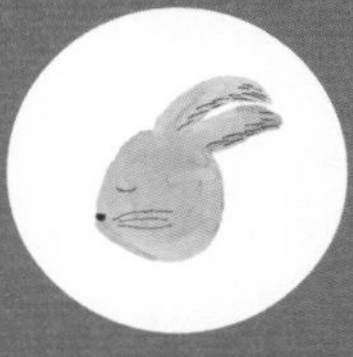

1장

하브루타로 미술의 틀을 바꾸다

하브루타 질문법, 미술과 만나다

하브루타 미술교육의 핵심은 '생각하는 힘'이다

미술 프로그램은 시대와 환경, 지역적 특성에 따라 계속 바뀌어왔다. 지금도 온라인에는 다양한 프로그램이 넘쳐난다. 그러나 미술교육은 단지 놀이로만 끝나지 않고 더 좋은 창의력 교육의 발현점이 되어야 한다. 어떠한 성향의 아이들이라도 미술로 접근해 창의적 문제해결력을 단련하고 훈련할 도구가 필요하다. 이때 가장 적합한 것이 바로 하브루타 미술교육법이다.

하브루타 미술교육은 아동의 '생각하는 힘'을 단련시켜, 창조적 인재를 육성하는 데 초점을 둔 미술지도법이다. 유대인의 창조적 인재육성의 비결인 하브루타로 미술을 지도하는 것이다.

유아동의 미술 지도에서 단계별 질문은 아이들의 궁금증을 유발시킨다. 궁금증은 아이로부터 '왜?'라는 질문을 하게 하고, 자발적으로 생각하게 이끈다. 동기부여 단계에서부터 작품을 완성하는 과정에 이르기까지 질문을 통해 창의적 사고를 돕는다.

'질문'과 '대화'를 통해 스스로 답을 찾아냈을 때 생각하는 힘은 더욱 커진다. 질문은 호기심을 유발하고 생각의 확장을 도와 상상력을 자극시킨다. 결과물을 만들어내는 과정에서 매 순간 선택하고 결정하게 되므로 문제해결력도 발달한다.

그렇다면 창의력은 무엇인가? 창의력은 상상력을 발휘해 새로우면서 유용한 것을 다양한 관점으로 '생각해내는 능력'이다. 남과 다른 생각 중 일부는 쓸모없거나 황당할 수도 있지만, 그 남다른 생각 100개 중 1개는 혁신을 가능하게 하는 쓸모 있는 생각일 수도 있다.

창의력의 중요 요소는 '자발성'이다. 미술은 언어능력이 채 완성되지 않은 유아나 아동이 유일하게 자발적으로 참여할 수 있는 분야이자 도구다. 아이들은 자신의 힘으로 작품을 완성하는 성취감을 느끼게 되고, 생각의 폭을 넓히고 구체적으로 다듬어가는 과정을 반복하게 된다. 이런 과정을 통해 아이들에게 잠재된 창의력이 발현된다.

유대인의 창의교육에 주목하다

미술에서 단순히 체험해보는 것만으로 만족한다면, 가장 좋은 창의력 도구로 50퍼센트도 활용하지 못하는 셈이 된다. 우리는 검색만 하면 원하는 정보를 얻을 수 있는 디지털 문명시대에 살고 있다. 국경이나 시간의 제약을 받지 않고 누구든지 다양한 정보를 얻을 수 있게 되었다. 미술교육에서도 이미 다양한 프로그램이 넘쳐나고 있으며, 인터넷의 발달로 전 세계인의 아이디어를 손쉽게 프로그램에 응용할 수 있다. 따라서 이제는 어떻게 가르쳐야 하는지, 즉 '교수법'이 더욱 중요한 시대가 되었다.

그동안 나는 나만의 방식으로 아이들에게서 남과 다른 생각을 끌어내는 수업을 진행해왔다. 그러나 한편으로는 늘 아쉬운 마음이 남아 있었다. 그런데 내 아이의 양육을 위해 읽었던 유대인 교육에 대한 책에서 그 해답을 찾을 수 있었다. 유대인의 특별한 교육법인 하브루타가 내가 미술 교실에서 진행해오던 동기부여 방법과 동일한 프로세스로 진행되고 있다는 것을 알게 된 것이다.

'하브루타'는 친구, 동반자를 뜻하는 히브리어인 '하베르'에서 비롯된 용어다. 서로 짝을 지어 질문하고, 대화하고, 논쟁하면서 새로운 지식을 알아가는 토론 방법이며, 전통적으로 유대인의 지혜서인 《탈무드》를 가르칠 때 사용한 교육법이다. 현대에는 유대인의 교육 문화를 전반적으로 아우를 때 사용하는 용어기도 하며, 유대인의 문화, 삶의 방식, 일상, 사람과의 관계에 많은 영향을 미치고 있다.

이스라엘에서는 육아의 기본이 하브루타 교육이라고 할 수 있다. 가정에서뿐 아니라 유치원에서도 책을 읽어주거나 이야기를 들려준 후 질문을 유도하고 아이들의 생각이나 느낌을 발표하게 한다. 매 순간 질문을 통해 동기를 부여하고 아이들이 더 깊이 있게 생각할 수 있도록 한다. 즉 하브루타의 핵심은 '질문'이다.

우리나라와 이스라엘 가정교육의 차이점은 질문 방법에서도 알 수 있다. 예를 들어 우리나라 부모는 "선생님 말씀 잘 들었니?"라며 자신도 모르게 듣는 교육, 수동적 교육을 강조한다. 반면 유대인 부모는 아이에게 "오늘 어떤 질문을 했니?"라고 물으며 스스로 생각해서 말하고 표현하는 능동적 교육을 강조한다. 가정에서든 유치원에서든 학교에서든 질문과 대화, 토론이 중심이 되는 것이다.

또한 유대인 부모는 아이에게 질문을 하고 나서 정답을 가르쳐주지 않는다. 정답을 가르쳐주지 않는다는 것은 혼자 내버려두라는 말이 아니다. 아이가 스스로 생각하는 힘을 키우도록 함께 공부하고 도와주라는 뜻이다.

이런 우수한 교육문화인 하브루타 질문법을 미술에 응용하는 것이 하브루타 미술교육이다. 유아기 때부터 아이와 부모가 하브루타 친구가 되어 '생각하는 힘'을 길러준다.

질문으로 아이의 생각하는 힘을 끌어낸다

하브루타 질문은 대상에 대한 호기심을 유발하고 자발적인 배움의 의지를 높인다. "사과는 이렇게 생겼어", "토기는 이런 모양이지"라고 답을 내리면 아이는 더 이상 사고를 하지 않고, 자신도 모르게 사물을 도식화하게 되어 고정관념이 자리하게 된다. 따라서 부모나 교사는 아이에게 도움을 준다며 그림을 그려주거나, 반대로 생각하는 힘을 키운다는 명목하에 혼자 내버려두고 방임하는 우를 범하지 않도록 해야 한다.

주제나 대상에 대한 질문의 난이도를 달리해 낮은 단계의 질문에서 높은 단계의 질문으로 나아가면서 아이가 자신만의 독창적인 생각을 머릿속 스케치북에 그리도록 이끌어준다. 이때 부모는 다양한 기법과 드로잉으로 자유롭게 표현하도록 환경을 만들어주고, 도구나 기법의 사용법을 알려주는 안내자 역할만으로도 충분하다. 아이 스스로 다양한 방법으로 도구를 사용하고 소재의 특징을 관찰할 수 있도록 알려준다. 기교적인 부분은 인터넷 검색으로도 얼마든지 정보를 얻을 수 있으므로, 부모가 그림에 재능이 없어도 충분히 가능하다.

중요한 것은 아이가 '생각의 힘'에 집중하는 것이다. 따라서 도구의 쓰임새와 효과를 미리 알려주는 등 미리 준비해 아이가 작품을 완성한 뒤에 스스로 만족하며 성취감을 느끼게 하는 것이 좋다. 이때 스토리는 아이 스스로 생각하도록 유도해야 한다. 회화나 창작 활동을 하는 과정에서도 형태와 구도를 독창적으로 생각하도록 아이에게 끊임없이 질문하는 것이 좋다.

"꼭 네모난 도화지여야 할까?"

"도화지 색은 꼭 흰색이어야 할까?"

"그림을 꼭 중간에 그려야 할까?"

"사람을 머리에서 발까지 다 그려야 할까?"

"땅은 아래에, 하늘은 위에 그려야 할까?

"색칠은 꼭 해야 할까?"

"그림책 작가라면 무엇을 바꿀까?"

"가장 좋거나 놀라운 부분, 인상 깊은 부분은 무엇일까?"

이와 같이 질문에 질문을 이어가는 과정에서 미술이 주는 성취감과 즐거움은 덤이다. 이러한 교육이 반복되면 아이는 혼자서도 자연스럽게 남과 다른 생각을 하게 된다.

하브루타의 대화, 토론, 논쟁은 모두 질문에서 시작된다. 질문을 지속적으로 도출해야 두뇌가 빠르게 반응한다. 질문으로 창의적 사고를 하고, 상상 질문으로 가장 중요한 질문을 만든다. 그래서 미술에서도 독특하고 다양한 질문을 많이 만드는 것이 중요하다. 부모나 교사의 준비된 질문은 아이의 뇌를 활성화시키고 사고의 성장을 촉진한다. 자발적 사고의 발달이 곧 생각하는 힘의 발현점이 된다.

미술로 상상력, 창의력, 공감력 키우기

미술도 주입식 교육이 가능하다?

어느 날 우연히 지나치다 듣게 된 한 미술 교사의 지도법은 내 귀를 의심하게 했다.

"자 조용, 조용히! 이제부터 손 머리 위에 올리고 잘 봐!"

다소 강압적인 분위기에 눈살이 찌푸려졌다.

"얼굴은 이렇게 동그라미로 그리고 코는 이렇게 길죽하게, 그리고 입은 이렇게, 귀는 이렇게……."

그 반 아이들은 모두가 선생님의 그림을 베껴 그리고 있었다. 창의적이어야 하는 미술에 주입식 교육이라니. 게다가 "이렇게 하면 안 돼"와 같은 부정적 언어 사용에 너무 당황스러웠다.

"색칠은 꼼꼼히 해, 선 밖으로 삐져나오면 안 돼."

조금은 강압적인 듯한 분위기가 이어졌지만, 아이들은 익숙한 듯 곧잘 따라 하고 있었다. 기저선의 위치도, 집과 나무의 모양도,

크레파스의 명도도 같았다. 아이들도 선생님도 인지하지 못한 채, 누구의 작품인지 분별해내기 어려운 비슷비슷한 그림들을 다들 기계적으로 그려내고 있었다. 그야말로 창의성을 상실한 정형화된 교육을 하고 있었던 것이다.

더욱 심각한 것은 그것이 잘못된 교수법인지조차 인지하지 못하고 "이렇게 하지 않으면 애들이 아무것도 못해요"라며 문제없다는 식으로 말하는 교사의 반응이었다. 그들도 과거에 그렇게 배웠고, 그것이 그대로 대물림되었기 때문일 것이다.

그때로부터 여러 해가 지나고, 딸아이가 여섯 살이 되어 유치원에 입학 상담을 하러 갔을 때였다. 마침 미술시간이었는데, 유치원 선생님이 큰 목소리로 "자, 따라 해 보세요! 눈은 이렇게, 코는 이렇게, 색칠은 선 밖으로 나가면 안 돼요!"라고 하는 것이 아닌가. 더욱 놀라웠던 건 교실에 붓이 없다는 것이었다. 선생님은 당연하다는 듯 "아이들이 많아서 붓을 쓰면 번거로워요. 붓 대신 큰 스펀지에 물을 묻혀서 바탕을 밀어버리면 되는데요"라고 말했다. 마치 그 옛날 교사의 수업을 그대로 보는 것 같아 씁쓸했다.

헝가리, 주입식 교육으로 추락하다

창의성 연구의 선두주자이며 세계적 베스트셀러인 《몰입》의 저자 미하이 칙센트미하이 교수는 그의 책에서 주입식 교육과 창의 교육의 사례를 소개하고 있다. 그의 연구에 따르면, 1900년대 초 헝가리의 교육은 창의적이고 재미있는 교육이었다. 오픈북 형식의 수학 대회인 에트뵈스 경시대회의 1등 선발 기준은 정답을 맞히는 것이 아니라 문제풀이 과정이 얼마나 창의적인가를 평가하는 것이었다고 한다. 생각의 깊이와 창의성을 평가하는 시험이었던 것이다.

1차 세계대전 전후로 약 20여 년 동안 헝가리 부다페스트에는 18명의 천재적인 수학자와 과학자가 있었고, 이 중 노벨상 수상자도 7명이나 배출되었다. 그런데 2차 세계대전을 거쳐 50년간 소련의 지배를 받으면서 헝가리 교육은 획일화되기 시작했다. 그러자 학생들은 학습을 '지루한 것'으로 인식하게 되었고, 헝가리는 점차 교육 후진국으로 전락했다. 사회주의 체제에서 창의성은 억압되었고, 획일화된 주입식 교육으로 바뀐 것이다.

칙센트미하이 교수는 그때부터 헝가리 교육이 추락하기 시작했다고 진단한다. 실제로 2015년 국제 학업성취도 평가에서 헝가리는 OECD 평균 이하의 하위권 국가로 전락했다. 교육 시스템의 영향으로 창의성이 억압되는 주입식 교육의 피해를 보여주는 중요한 사례다.

그렇다면 21세기를 맞이한 한국은 어떨까? 우리의 교육 시스템은 미래를 준비하고 있을까? 안타깝게도 4차 산업혁명이 이미 도래한 지금, 우리는 여전히 명문대 진학을 위한 지식 기반의 교육을 하고 있다. 엘빈 토플러는 "한국 학생들은 하루 15시간 동안 학교와 학원에서 미래에 필요하지도 않은 지식과 존재하지도 않을 직업을 위해 시간을 낭비하고 있다"라고 했다. 이처럼 현재 우리의 아이들은 주입식 교육에 짓눌려 매우 불행하고 우울하다.

과도한 학습으로 생각하기 싫은 아이들

늘 바쁜 워킹맘인 엄마와 학원을 돌며 해가 져야 집에 오는 아이가 늦은 저녁, 오랫만에 함께하고 있다. 아이는 얼마 후 열릴 학교 축제에 전시할 그림을 그려야 한다. 엄마는 힘든 몸을 이끌고 아이를 어르고 달래며 그림을 그리게 한다. 아이는 어떻게 해야 할지 몰라 보채고, 결국 인내심이 한계에 달한 엄마는 대신 그려주거나 아예 포기하기도 한다. 가정에서 볼 수 있는 흔한 풍경이다.

아이들은 생각하는 것이 매우 힘들고 부담스럽다. 학원에서 밤늦게까지 영어, 수학과 씨름하느라 머리는 쉴 틈이 없다. 그런 아이에게 새로운 것을 생각해야 하는 일은 또 다른 스트레스가 되고, 아이의 뇌는 과부하를 호소하기도 한다.

현재 우리의 교육은 스스로 의문을 갖고 답을 찾도록 하는 것이 아니라, 정해진 답을 외우게 하는 주입식 교육이다. 오직 명문대학을 목표로 삼은, 교사가 강의하면 듣고 받아 적기 바쁜 수동적 지식 습득 교육이다. 학교와 학원에서 내내 답을 암기하는 데에만 익숙한 아이들에게, 스스로 생각하는 것이 어렵고 힘든 것은 어쩌면 당연할 것이다.

하브루타 미술교육으로 생각하는 힘을 키운다

남과 비슷하게 그려내기는 쉬워도 자신만의 것을 창조해내는 것은 쉽지 않다. 그렇다면 독창성은 어떻게 발현되는 것일까? 뇌가 완성기에 이르기 전인 취학 전부터 생각하는 연습을 통해 자연스레 독창성을 길러야 한다. 그러나 현실에서 우리의 교육은 어떤가? 스스로 생각하게 만드는 교육은 찾아보기 어렵다. 따라서 미취학 아동기 때부터 미술을 통해 생각하는 힘을 극대화시키는 훈련이 필요하다. 이렇게 하면 상상력과 감성적 공감 능력을 발현시킬 수 있다.

6세 제진이는 다소 소극적이고 쑥스러워했지만 호기심도 많은 아이였다. 첫 수업 주제는 '우리 가족 식사 시간'이었다. 다양한 자료를 준비해 아이가 편하게 표현할 수 있게 했다(그림 1-1 〈우리 가족 식사 시간〉).

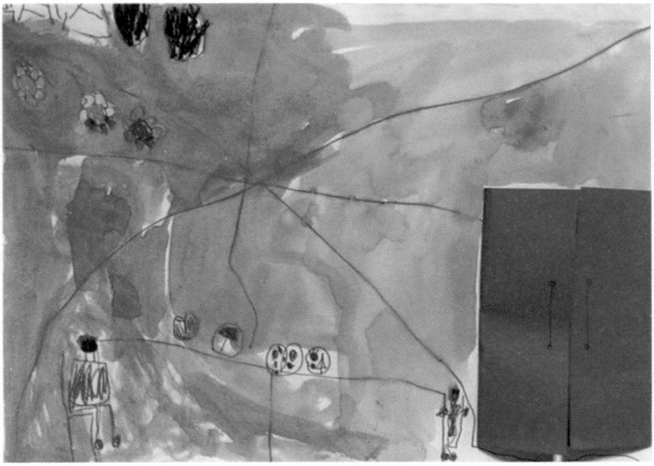

그림 1-1 하브루타 미술교육 전 제진이의 그림 〈우리 가족 식사 시간〉

인물은 이른바 '졸라맨(단순한 선만으로 인물을 표현한 캐릭터)'처럼 하단에 매우 작게 표현했고 얼굴은 검거나 붉은색으로 눈, 코, 입은 표현하지 않은 채 덮어버렸다. 파란 냉장고와 전체적인 컬러가 매우 단조롭게 표현되었다. 무엇보다 제진이는 스케치 내내 그림을 손으로 가리며 자신감 없고 의기소침한 모습을 보였다.

특이한 점은 상단에 자신의 이름을 그림 속 인물보다 더 크고 시원스럽게 명확히 쓰고 옆에 큰 하트를 표현한 것이었다. 이것을 보고 어떻게 지도하느냐에 따라 제진이의 미술적 잠재력을 발현시킬 수 있겠다는 확신이 들었다. 오랜 시간 아이들을 지도해보면 아이들의 선 쓰임 하나를 보아도 감으로 에너지와 자신감의 유무를 알 수 있게 된다.

그림 1-2는 하브루타 미술교육 4개월 후 제진이가 그린 관찰 드로잉 작품이다. 제목을 〈가을밤의 부엉이〉로 붙이고 제진이만의 스토리를 함께 만들었다. 작은 아기새와 뚱뚱한 아기새가 나무 위에 앉아서 자고 있는데, 부엉이는 밤새 잠을 자지 않으면서 잠자는 아기들을 지켜주고 있다는 아이다운 발상을 그림으로 잘 표현했다.

먼저 영상 자료를 통해 부엉이를 관찰한 제진이는 털의 세심한 문양을 표현했고, 한쪽 날개는 펼치고 한쪽 날개는 접고 있는 자신만의 부엉이를 재미있게 그렸다. 여섯 살에게는 사계절의 변화를 표현하는 것이 다소 어려울 수 있는데, 가을 나무의 앙상한 모습과 낙엽이 쌓인 땅의 색도 잘 관찰해 채색했다. 또 부엉이의 몸에 파랑색, 분홍색, 하늘색, 흰색을 순차적으로 칠한 그라데이션은 미적인 감각

그림 1-2 하브루타 미술교육 4개월 후 제진이의 그림 〈가을밤의 부엉이〉

이 향상되어 컬러를 다룰 줄 알게 되었다는 것을 보여준다. 형태와 구도도 안정적이며, 자신감이 향상되어 수업에도 적극적으로 참여했다.

8개월 후 제진이의 그림에는 많은 변화가 있었다. 그림 1-3은 닭을 주제로 한 관찰 드로잉 수업에서 그린 그림으로, 어미 닭이 병아리들에게 줄 먹이를 물고 달려오고 있는 모습이라는 스토리를 구성했다.

그림 1-3 하브루타 미술교육 8개월 차 제진이의 그림 〈닭과 개나리〉

처음 만났을 때 매우 수줍어하고 자신의 그림을 손으로 가리는 소극적인 성향의 제진이는 하브루타 미술교육을 만난 후, 그림에서 느껴지는 자유롭고 에너지 넘치는 드로잉의 느낌처럼 밝고 자신감 넘치는 성격으로 바뀌었다. 스스로 주제와 부주제를 응용할 수 있게 되었고, 자유로움과 긍정적 에너지가 보는 이에게까지 활력을 준다.

이렇게 하브루타 미술교육을 통해 제진이가 얻은 가장 큰 변화는 자신의 생각을 거침없이 시원스럽게 표현하게 되었다는 것이다. 개성적인 그림체와 재미난 스토리도 풍성하고 독창적이다. 가장 중요한 것은 자신감 있는 태도와 몰입하는 집중력이 모두 뛰어나게 향상되었다는 점이다.

질문이 꼬리를 무는
무한한 상상력을 펼치다

아이들의 창의력을 자극하라

미술에서의 창의력은 자신만의 생각을 미술이라는 도구로 표현하는 능력이다. 미술은 회화만이 아닌 조형이나 디자인 등 다양한 영역을 포함하므로, 재료를 탐색하는 과정에서도 창의적 영감이 발산된다. 언어와 지적 수준이 충분히 발달하지 못한 유·아동기에 미술은 시각과 인지력, 소근육을 발달시키는 최고의 도구다.

아이들의 생각하는 힘을 자극하면 자신만의 독특한 생각을 다양하게 표현하면서 문제해결 능력이 키워진다. 어릴 때부터 창의력 교육을 받은 아이들은 크고 작은 어려움이 닥쳐도 더 좋은 해결 방법으로 극복하고, 행복한 삶을 디자인할 수 있게 된다.

아쉽게도 우리나라는 지식에 대한 교육만 강조하거나 시험을 위한 학습만을 중요시하는 경향이 있다. 창의력이 얼마나 중요한지에 대한 인식이 충분히 공유되지 않고 있는 것 같아 매우 안타깝다.

테크닉만을 강조하는 아동 미술교육은 가짜다

미술교육이라고 해서 모두 다 창의력을 길러주는 것은 아니다. 포스트모더니즘 이후로 미술에는 정답이 없어진 지 오래다. 그림을 잘 그리는 것에만 초점을 맞추면 아이들은 수동적인 태도가 된다. 잘 그리기 위해 기법적인 부분에 매몰되기도 쉽다. 심지어 어른들이 아이의 그림에 참견하거나 아이를 다그치는 경우도 생겨난다. 즐거운 과정이어야 하는 미술이 스트레스가 된다면 미술교육을 안 하느니만 못한 결과가 초래된다. 이런 환경에서는 당연히 창의력을 기대할 수 없다.

어머니 한 분이 열 살 정도 되는 아들의 미술 수업 상담을 하기 위해 오신 적이 있다. 아이는 일곱 살부터 그리기 실력 향상에 중점을 두고 운영하는, 동네에 있는 회화 위주의 미술학원에서 몇 년간 지도를 받았다고 한다. 그동안 미술대회에서 여러 번 상도 받았고 그림 실력도 좋다며 아이에 대한 높은 기대치를 내보였다. 왜 미술학원을 옮기려는지 물으니, 몇 년간 미술 수업을 받았는데 창의성이 좀 부족한 것 같다는 생각에 찾아오셨다고 한다.

이어진 30분 정도의 상담 시간 동안 아이에게 주제에 상관없이 그리고 싶은 것이나 좋아하는 것을 마음껏 그리게 했다. 하지만 아이는 지웠다 그렸다를 반복하더니 결국 30분 내내 아무것도 그려내지 못했다. 아이는 이전 학원에서는 선생님이 도와주셨는데, 지금은 아무것도 도와주지 않으니 선생님이 야속하다고 말했다. 아이의 말에 어머니도 적잖이 당황한 눈치였다.

아이의 상태를 파악해보니, 소극적이고 자신감이 무척 떨어져 있는 상태였다. 잘해야 한다는 부담감에 스스로를 믿지 못하고 동그라미 하나도 지웠다 그렸다 하며 힘들어했다. 아이는 지난 몇 년 동안 정형화된 틀 속에서 스스로 생각하지 못하고 주입식으로 그림을 공식에 맞추어 그려온 것이다.

학부모의 눈에는 아이가 완성해낸 결과물의 수준이 높아 보이지만, 그것은 아이의 진짜 실력이 아니다. 또 부모가 그 결과물만을 칭찬하면 아이는 더 잘해야 한다는 부담감에 새로운 도전을 꺼리게 된다. 늘 잘 그린 결과물을 칭찬받은 아이는 칭찬받지 못할 것 같은 상황에서는 무기력해지고, 나중에는 아예 포기하고 만다. 현장에서 미술 교실을 운영하면서 보니, 그리기 위주의 프로그램을 운영하는 학원에서 옮겨온 아이들 중에는 선생님의 도움이 없으면 스스로 그리지 못하는 경우가 상당수였다. 아이의 발달단계를 고려하지 않은 상태에서 드로잉 기법만 주입한 결과, 정형화된 틀에서 벗어나지 못한 사례다.

이쯤에서 한 가지 실험을 해보자. 지금 A4용지 하나를 꺼내고 필기구를 준비해보자. 그리고 최근 가장 기억에 남는 것을 그림으로 그려보라. 15분 내에 스케치가 완성되어야 한다. 주저 없이 슥슥 그려지는가?

가끔 상담을 하러 오신 어머님들이 "우리 애는 미술학원을 1년이나 다녔는데 그림을 잘 못 그려요"라고 하면 이 테스트를 권한다. 그럼 많은 분들이 화들짝 놀라신다. 초중고 미술 시간을 다 거쳐온 어른에게도 쉽지 않은 일이기 때문이다. 아직 어린아이라면 어려운 게 당연하다.

빨리 성과가 나는 것은 그 이면에 부작용이 항상 존재하기 마련이다. 잘 그리는 것에만 초점을 둔다면 굳이 전문 학원을 보내지 않아도 된다. 눈과 손의 협응력이 완성기에 이른 초등 고학년 이상부터는 반복적으로 그리기를 하면 실기 능력은 어렵지 않게 향상된다. 애써 전문가에게 교육을 받지 않아도 된다. 요즘은 인터넷, 인스타그램, 유튜브 검색만 해도 수준급의 정보를 찾을 수 있다. 조금만 부지런하면 굳이 비용을 들이지 않아도 되는 것이다. 만들기 동영상도 자료가 넘쳐나므로, 같은 맥락에서 조형 수업도 굳이 전문가의 지도가 필요하지 않다고 본다. 대신 테크닉 향상만이 목적이라면 말이다.

유니크한 작품이 다른 곳과 달라요!

미술은 어떤 성향의 아이에게나 창의력을 키우는 가장 좋은 도구다. 학부모가 교육원을 선택할 때 아이의 실기력만 강조하면 교사도 자유로울 수 없다. 은연중에 아이들에게 잘 그리라고 강요하게 되고, 그러면서 아이들은 자신감을 잃게 된다. 결국 따라 그리기는 잘하는데 자신만의 생각이 부족한 아이, 자신감이 없는 아이, 틀에 박힌 그림만 그리는 아이, 미술에 흥미가 없는 아이를 만든다. 이런 유형의 아이들은 잘못된 미술교육원의 부작용을 겪은 아이들이다.

창의력에는 하나의 답이 있는 것이 아니다. 미술에도 정답은 없다. 그런데 미술 사교육 시장에는 아이의 결과물이 멋져 보이도록 교사가 고쳐준다거나, 잘 그린 그림에 교육의 포커스를 맞추는 기관도 있다. 교육원 입장에서는 학부모의 요구에서 자유로울 수 없고 눈치를 볼 수밖에 없기 때문에, 운영자의 입장도 어느 정도는 이해할 수 있는 것이 현실이다. 그러므로 학부모가 깨어 있는 교육관을 가져야만 올바른 선택을 할 수 있다.

내가 운영하는 센터에는 유독 미술 전공자와 교육계에 종사하는 분들의 자녀가 많은 편이다. 교사나 미술 전공자들은 아이들의 성향을 파악해 지도하는 것이 쉽지 않은 부분임을 알기 때문이다. 또 수업 후 학부모와의 디테일한 소통으로 교육적 효과가 어떻게 적용되는지 알 수 있다는 점 때문에 더욱 마니아층이 형성되었다.

초등 4학년인 하영이는 전에 미술학원을 다녔는데, 그림에 대한 흥미는 없었다고 한다. 이웃집에 사는 선영이가 우리 센터에 다니는 것을 눈여겨보던 하영이 엄마는 교내 미술대회에서 최우수상을 받은 선영이의 독특한 작품을 보게 되었다. 그 대회는 직접 아이들이 학교에서 그려서 제출하는 대회였는데, 선영이의 실력을 보고 우리 센터만의 교육법이 궁금해졌다는 것이었다. 그렇게 선영이 엄마의 소개로 하영이도 센터에 등록하게 되었다.

하영이는 이해력이 좋아 하나를 알려주면 세 가지를 응용하는 매우 똑똑한 아이였다. 똑똑한 아이들은 자존심이 셀 수 있다. 그러므로 아이가 주도적으로 하는 것을 인정해주고, 아이가 도움을 요청

할 때 도와주는 것이 효과적이다.

전에 다녔던 미술학원에서는 그림이 잘못되었다면서 아이에게 다시 그리도록 강요했다고 한다. 이런 방법은 기교적인 부분에만 포커스를 둔 것이어서 미술에 흥미를 떨어뜨리는 요인이 될 수 있고, 실제로 하영이도 미술에 대해 부정적 이미지를 갖고 있었다. 하지만 우리 센터의 교육법에 빠르게 적응한 하영이는 미술 수업에 흥미도가 높아졌고, 이제는 미술이 제일 재미있는 과목이라고 이야기 한다.

하영이의 엄마는 이후 하영이의 작품을 친척들에게 보여줬는데 아이의 그림을 보고는 모두가 독창적이라고 칭찬했다고 한다. 실제로 미술을 전공한 삼촌과 미적 안목을 지닌 할머니의 칭찬은 아이의 자존감과 미술에 대한 흥미를 더욱 높였다. 이 부분 또한 아이가 미술에 적응하는 데 동기부여가 되어, 견인차 역할을 톡톡히 했을 것이다. 가족들이 아이의 작품을 통해 함께 소통하는 것은 교육의 효과를 두 배로 키우는 좋은 방법이다.

하브루타 미술교육으로 생각하는 힘을 기른다

유아기 때부터 가정에서 꾸준하게 하브루타 미술을 실천하면 아이는 '생각하는 힘'을 바탕으로 창의력을 발현시킬 수 있게 된다. 미술이라는 도구를 매개로 질문하고 생각하는 훈련을 끊임없이 하게 되기 때문이다. 질문이 꼬리를 물어 엉뚱한 생각으로 이어져도 괜찮다. 무한한 상상력이 허용되는 미술에서는 모든 것이 인정된다.

하브루타 교육법은 질문을 시작으로 토론하고 논쟁하는 교육법으로 잘 알려져왔다. 그러나 어휘가 부족한 10세 이하의 아이들이 토론이나 논쟁으로 이어가기는 쉽지 않다. 그러므로 단답형 질문에서 시작해 확산형 질문으로 나아가며 어떻게 남과 다르게 표현하는지를 두고 끊임없이 질문하고 고민하는 것으로 사고를 확장시킨다.

이를 미술교육에 접목시키면, 엄마는 가정에서 미술교육 전 실물 재료나 책, 영상, 사진 등 다양한 자료를 준비한다. 자료를 통해 떠오르는 영감을 아이와 대화하며 다듬을 수 있게 한다. 그리고 이때 생각해낸 것들을 그저 흘려보내는 것이 아니라 그림으로 그려내 창작물로 완성해내는 것이다.

4세부터 13세까지는 잘 그리든 못 그리든, 자신만의 그림체로 아무 주저 없이 표현하는 방법을 배우는 시기다. 처음에 자신감 없던 아이가 몇 번의 수업 뒤에 주저하지 않고 그리게 되는 비법은 의외로 간단하다. 평소에 아이들이 어떤 그림을 그리더라도 다음과 같이 말해주는 것이다.

- "음 좋은데! 그거 좋다." (긍정: 자신감 향상)
- "그림은 잘하고 못하고가 없어. 그러니 마음껏 표현해봐." (정형화 탈피: 상상력 향상)
- "너만의 생각을 그린 것이 잘한 거야. 남의 생각이 아닌 네 생각을 그린 그림이 좋은 그림인 걸 잊지 마!" (미술의 본질 생각하기:

생각하는 힘 향상)

- "잘 안 되는 건 이해해. 엄마도 잘 안 되는걸. 네가 그린 그림이 더 좋네!" (격려: 끈기와 포기하지 않는 근성)

이렇게만 이야기해주면 아이는 정말로 즐거운 표정으로 자신의 창작 활동을 즐길 것이다. 이런 반복된 활동과 여유로운 격려를 통해 아이의 자존감과 자신감은 높아진다. 궁금하다면 지금 당장 실천해보기 바란다.

하브루타 미술교육은 그림의 테크닉적인 부분보다 내 아이만의 '생각의 힘'을 길러주는 방법론이다. 아이들은 나의 생각, 친구의 생각, 선생님의 생각이 다름을 알고 소통하며 자신만의 유니크(Unique)함을 찾아가는 즐거운 여정을 시작하게 될 것이다.

창의적 사고 확장하기

하브루타 미술 프로세스

하브루타 미술의 핵심은 질문과 생각을 통해 독창적인 창작 활동의 결과물을 만들어내는 과정이다.

> 상상-스토리 창작-남과 다른 생각-정보 습득-눈과 손의 협응력, 두뇌 발달-예술적 표현-생각-상상

하브루타 미술은 위와 같은 과정으로 상상과 이야기, 표현을 통해 창의적 선순환이 반복된다. 이 프로세스가 반복되면서 공부머리의 기본을 만든다. 낮은 질문에서 높은 질문으로 난이도를 달리해 구체적으로 질문하고 대화하며 아이들은 스스로 생각하고 관찰하며 자신의 생각을 확장시킨다. 연속적으로 생각하고 또 생각하면서 사고력이 향상되고, 잠재되었던 창의력도 발현되는 것이다.

생각을 일으키는 질문들은 아이만의 스토리를 만들어 낸다. 이는 자신감과 함께 상상력을 자극한다. 자신이 만든 스토리를 표현할 때는 대상에 따라 다양한 도구를 사용해 많은 아이들이 자신만의 개성이 드러난 독창적인 작품을 완성해낸다. 창작과정에서는 눈과 손의 협응력, 인지력, 표현력, 관찰력 등 많은 것이 향상된다. 이 과정에서 아이들은 흥미를 느끼며 자발적으로 미술활동에 참여하게 되는데, 이는 조기교육의 부작용인 무기력증을 없애는 데에도 도움을 준다.

생각의 힘 키우기

초등 고학년 이상의 아이들은 질문에서 시작해 대화와 토론까지 이어지는 수업이 가능하다. 그러나 언어와 인지능력이 부족한 유아기·아동기에는 대화와 토론으로 이어지기 어렵다. 이 시기의 아이들이 스스로 자발적으로 참여하는 분야는 미술이 유일하다. 따라서 미취학 아동에게는 하브루타 수업도 미술과 접목해 질문을 이끄는 것이 효과적이다.

교사는 연령에 따른 인지발달의 수준에 맞는 질문을 준비하고, 아이가 스스로 생각해 낮은 질문에서도 창의적 생각을 끌어낼 수 있도록 유도해야 한다. 부모나 교사의 질문을 통해 아이들은 나아가 스스로 질문을 만들어낼 수 있는 기본기를 배우게 된다.

이 단계에서는 질문 내용이 가장 중요하다. 흥미로운 주제로 접근했는지, 질문은 생각하게 하는 질문인지, 남과 다른 나만의 표현법을 창조할 수 있는 질문인지, 지식과 정보를 전달하는 질문인지가 무척 중요하다. 이러한 질문을 통해 진정으로 몰입해 즐기는 구체적이고 섬세한 수업이 가능하게 되고, 더욱 창의력이 증진되기 때문이다.

질문과 미술로 자라나는 성취감

양질의 질문이 준비되었다면, 다음에는 미술의 사용기법과 기능을 전달해야 한다. 머리로만 생각하고 지나가는 것이 아니라, 창작물로 자기의 생각을 증명해내는 단계다. 자신의 생각이 유의미한 창작물로 완성되는 과정에서 실패와 성공을 거듭하며 문제를 해결하고, 이로 인한 성취감을 통해 창의적 사고가 확장되도록 하는 것이 내가 생각하는 하브루타 미술 지도법이다.

생각하는 힘을 발현할 수 있는 소재를 통해 체계적인 질문과 지식을 전달하고, 확인하는 과정을 거친 후 정보를 터득해 최고 단계에 이르게 된다. 최고단계 이후는 초등 4학년 이상으로, 친구와 짝을 지어 서로 질문을 만들고 토론의 개념으로 접근하는 것이 올바른 지도법이다.

협업할 수 있는 역량 기르기

포스트 코로나 시대의 변화된 교육환경

현재 우리는 포스트 코로나 시대에 살고 있다. 코로나19로 인해 전 세계 지구인들은 준비기간도 없이 절박한 심정으로 너무도 빠르게 필연적으로 온라인 시대를 맞이하게 되었고, 하루하루를 겨우 버티고 있다.

IT산업의 본고장인 미국에서는 이미 몇 년 전부터 IT기업들의 투자로 온라인 초등학교가 운영되어 왔다. 프로젝트 수업으로 지식을 구글링하고 토론하고 발표한다. 부모들이 내 아이를 평가할 수 있는 온라인 포털사이트를 통해 확인이 가능하도록 영상으로 기록해둔다. 누구도 평가방식에 의문을 제기하지 못하도록 철저한 시스템을 갖추었다.

예전이었으면 선진국은 다르다고 부러워하며 먼 나라 이야기로만 생각했겠지만, 코로나19로 인해 이제는 한국에서도 쉽게 볼 수 있는 상황이 됐다. 우리나라 아이들의 교육 환경 또한 매우 긴박하게 변하고 있다.

달라진 환경, 달라진 인재상

오늘도 아이는 아침에 학교 대신 자신의 방으로 등교한다. 오전 내내 온라인 강의를 듣고 일주일에 한 번, 화상 앱인 줌 프로그램을 통해 친구들과 선생님을 만난다. 2020년 2월, 학기가 시작되기도 전부터 급속히 퍼진 코로나19 때문에 선생님도 친구도 만나지 못한 채 새 학년을 맞이했다.

과제는 스마트폰으로 찍어서 '클래스1, 2, 3' 앱 게시판에 올린다. 이제는 화상으로 출석 체크를 하는 선생님의 음성이 낯설지 않다. 선생님의 노고와 학부모들의 협조로, 이전에는 한 번도 경험해본 적 없는 온라인 수업에 아이들도 안정적으로 적응하고 있다. 어른들의 우려와는 달리 아이들은 더 빠르게 이해하고 적응했다.

코로나19로 인해 전 세계의 교육, 경제, 문화, 예술 등 모든 분야의 콘텐츠는 온라인화되어 가고 있다. 사람과 사람이 만나는 일이 줄어들고 1인 가구, 1인 식당, 1인 취미생활 등 혼자서 할 수 있는 것들의 비중이 커지고 있다. 기존 사회 구조에서는 남을 누르고 올라서야 더 좋은 대학, 더 좋은 직장을 얻을 수 있었다. 끝없는 경쟁 사회 속에서 다른 선택권은 없었다. 그러나 이제 세상은 변하고 있고 혈연, 지연, 학연이 필요 없는 세상이 다가오고 있다. 협업을 통해 배려와 공감을 중요시하는 인재가 인정받는 세상으로 빠르게 바뀌고 있는 것이다.

세계는 협업에 능한 인재를 원한다

미국의 '미네르바 스쿨'은 캠퍼스가 없는 온라인 대학이다. 하버드 대학보다 입학이 어렵다는 세계 초일류 대학으로, 성적이나 스펙을 전혀 보지 않고 개인의 역량만을 본다. 화상으로 세계의 다양한 국적의 학생들이 만나고, 실시간으로 에세이를 써서 평가받는다. 모든 수업은 능동적인 학습을 위한 토론 학습으로 진행한다. 시험과 과제는 전부 오픈 북 형태로 이루어지기에 단기성 암기 시험을 치르지 않는다. 프랑스의 '에콜42'는 전 세계 IT 인재를 양성하는 전문 교육기관으로 교수, 수업, 수업료가 없는 획기적인 학교다. 다만 동료와의 협업을 통해 프로젝트를 기반으로 학습한다.

미네르바 스쿨과 에콜42는 프로젝트 수업 방식을 채택하고 있다. 프로젝트는 각 분야 전문가들의 협업을 중요시하며, 이것은 전 세계 기업들이 일하는 방식이다. 그래서 이곳의 인재들을 채용하기 위해 세계적인 기업들이 줄을 선다.

새로운 세상에서 경쟁력을 갖기 위해서는 개인의 역량이 중요한 평가 기준이 된다. 그러나 다양한 분야의 전문가가 모여 있는 기업에서는 협업이 개인의 역량보다 더 중요하다. 공감 능력이 떨어지고 배려심이 부족한, 이기적인 사람은 뽑지 않겠다는 것이다.

미술로 협업의 최적화 역량을 키운다

협업에서 가장 중요한 역량은 배려와 공감 능력이다. 뇌의 구조상 우뇌가 이 부분을 담당한다. 우뇌는 7세 이전에 완전히 성장하므로, 그 전에 뇌를 활발하게 자극시켜주어야 한다. 따라서 7세 이전에 미술로 하는 프로젝트 협동 작업은 배려와 공감 능력을 자연스럽게 발달시키고, 사회성을 키우는 데 매우 좋은 활동이 된다.

미술교육의 협업 역량에 대해 제대로 이해하려면 미술교육 활동에 대해 생각해봐야 한다. 예를 들어 6~7세 아이들과 재활용 택배 박스를 재료로 어떻게 미술 활동을 할지 생각한다. 아이들은 박스를 벽돌로 응용하거나, 도시를 꾸며줄 아파트로 응용한다는 등 서로 의견을 이야기하며 상대의 말도 귀 기울여 듣게 된다.

의견을 주고받은 후 박스를 쌓아 탑으로 만들기 수업을 하고 있다고 생각해보자. 박스의 무늬를 디자인하며 채색을 하고, 도구를 효율적으로 사용하는 방법도 알게 된다. 탑의 모양으로 최대한 높게 쌓았다가 무너지면 더 튼튼하게 만들려 애쓴다. “탑은 어떻게 쓰일까?”, “탑 안에 누가 살고 있을까?” 등 확장된 질문을 하면 아이들은 생각을 이어간다.

팀 프로그램을 기획할 때 시간을 제한하고 규칙을 정하면 자칫 산만해질 수 있는 분위기를 다잡는 데 효과적이다. 자기 생각만을 고집하면 완성할 수 없다는 것도 알게 해야 승부욕이 앞서는 아이들이 감정을 추스를 수 있다. 이런 과정을 통해 아이들은 규칙과 양보를 배운다. 양보했을 때 친구에게 고마운 마음을 전하고, 그런 경험이 행복한 긍정적 감정을 주는 것도 경험하게 된다.

또 탑을 높이 쌓기 위해서는 누군가는 잡아주고 누군가는 상자를 넣어주며 협업을 해야만 한다. 이런 과정을 통해 아이들은 스스로 다양한 문제해결 능력을 기른다. 상자의 무늬를 잘 그리는 아이, 색칠을 잘하는 아이, 탑이 무너지지 않게 잡아주는 아이, 상자를 빼서 위치를 바꾸는 아이, 전체적으로 안정된 모양인지 멀리서서 확인하는 아이 등 아이들끼리 대화를 통해 역할을 나누며 포지션 계획을 세운다. 함께했을 때 혼자의 생각보다 더 나은 결과를 얻을 수도 있다는 것을 알게 되면서 협업을 통하면 혼자서는 할 수 없는 큰 스케일의 작업이 가능하다는 사실도 경험하게 된다.

가끔 미성숙한 아이들이 팀원에게 상처를 주는 말을 한다면 부모나 교사는 반드시 올바른 대화법으로 교정해주어야 한다. 적당한 규칙을 정하고 참견해야 할 때와 스스로 하게 할 때를 알고 지도하는 것이 부모의 역할이다. 교사나 부모가 대화의 조율이 필요할 때 올바른 방법을 알려주면, 아이들은 나와 다른 사람의 의견을 수용하는 최선의 방법을 자연스럽게 알 수 있다. 그냥 내버려두면 자연히 터득하게 되는 일은 아니다. 그러므로 부모는 체계적으로 조력자의 역할을 하고 아이들 개개인이 더 나은 역량을 발휘하도록 환경을 조성해야 한다.

이렇게 다양한 창의적 협업 역량을 키우기에 적합한 미술 프로젝트 수업은 시대와 트렌드에 맞게 다양하게 개발되고 있으며, 아이들은 공동작품 활동을 하면서 공감과 배려를 배운다. 친구의 말에 귀 기울이고 친구의 표정을 살펴 마음을 읽을 줄 알게 된다. 또 작품 활동 과정에서 자신의 생각과 친구의 생각이 서로 다름을 인정하고, 친구를 배려하게 된다.

내 아이가 협업의 의미를 몸소 터득한다면 미래의 인재이자 주인공이 될 역량을 갖추는 데 한 걸음 더 다가선 것이다.

자신의 마음 상태를 적극적으로 표현하기

하얀 스케치북이 두렵지 않아요

여섯 살 지연이는 이해력도 좋고 예쁘고 똑똑한 아이였다. 그런데 유독 그림을 그릴 때는 떳떳하게 펼치지 못하고 손으로 가리며 잘 보여주려 하지 않았다. 잘하고 싶고 칭찬받고 싶은 욕구가 많았지만, 자신감이 많이 떨어져 있어서 자기가 그린 그림은 다 틀린 거 같다며 감추는 것이었다. 자신감 회복이 시급했다. 그래서 "잘 그리고 못 그리는 것이 중요한 게 아니라, 지연이의 생각이 들어간 그림이 좋은 그림이야. 그리고 언제든 힘든 부분은 선생님이 도와줄 수 있어"라고 매 시간 이야기했다. 또 미술의 표현법은 다양하다는 것을 수업의 주제 안에서 몸소 느낄 수 있게 했다.

아이가 직접 관찰하고 표현한 것 중 남과 다른 부분을 칭찬해주자, 사물을 보는 눈도 점점 세심해졌다. 그리고 매 시간 질문을 통해 생각을 확장시킬 수 있도록 지도했다. 그렇게 꾸준한 교육으로 아이는 점차 고정관념에서 벗어날 수 있었고, 1년 후에는 너무도 자신감 있게 자유자재로 다양한 표현을 하게 되었다. 어떤 주제가 나와도 주저하지 않고 자신 있게 표현했으며, 남과 다른 독창적인 스토리를 만들어내는 것을 즐기는 등 뚜렷한 변화를 보였던 것이다. 지연이는 더 이상 스케치북을 두려워하지 않게 되었다.

아이의 그림이 부모를 돌아보게 하다

다음은 일곱 살 쌍둥이 자매 소영이와 소연이의 어머니가 보내준 메시지다.

"선생님, 안녕하세요. 이번 그림을 보니 엄마 아빠가 반성하게 되었어요. 앞으로는 쌍둥이들 앞에서 엄마 아빠가 다투지 않고 웃는 모습만을 보여주어야겠어요. 아이들이 그런 모습을 생각 주머니에 담아두었네요."

당시 화를 내고 짜증을 내며 미운 말을 할 때마다 입과 몸에 가시가 돋아나는 소년의 이야기를 담은 책 《가시소년》을 중심으로 수업을 진행했다. 책 읽고 표현하는 수업은 아이들의 마음을 읽을 수 있는 최적의 시간이다. 특히 이 책은 일상에서 아이들의 심리를 알아볼 수 있는 주제로, 아이들에게 언제 나는 가시소년이 되었는지에 대해 생각하고 경험을 떠올리게 했다. 계속되는 선생님의 질문과 관심이 이어지면 아이들은 어느새 자신을 알아가게 되면서 색연필과 검정색 연필, 콩테로 사각사각 소리를 내며 크라프트지에 저마다 뾰족뾰족한 가시소년을 개성 있는 작품으로 그려냈다.

수업이 마무리되면 부모님들과 아이들이 함께 소통할 수 있도록 항상 아이들의 작품을 기록해서 메신저로 피드백을 한다. 어떤 내용을 어떤 생각으로 그렸는지, 그 과정에서 무엇을 힘들어하고 잘 해냈는지 등도 기록해 전달하곤 한다.

소영이와 소연이는 "언제 가시소녀가 될까?"라는 질문에 "엄마 아빠가 가끔 다투실 때요"라고 대답했다. 엄마 아빠가 가끔 다투면 아이들은 숨바꼭질을 하며 자신들만의 아지트를 찾아 숨는다고 한다. 그리고 부모님이 다투실 때마다 자기들이 숨어서 노는 비밀장소는 침대방의 옷장이라고 알려주었다. 그렇게 우연찮게 아이들의 비밀을 그림으로 알 수 있게 되었다.

"엄마 아빠가 어떻게 하면 우리 친구들의 가시가 사라질까?"라고 질문하자, "웃으면 돼요"라고 아이들은 해맑게 말했다. 이후의 작품에는 엄마 아빠가 화해하고 웃고 있는 모습을 그렸는데, 그것을 통해 아이들이 긍정적이고 정서가 건강하다는 것을 엿볼 수 있었다.

초등 1학년인 서아가 같은 주제로 그린 그림 1-4를 보면, 자기가 가시소녀가 될 때는 아침마다 학교 가라고 깨우면서 엄마가 화를 낼 때라고 한다. 서아의 엄마는 작품을 보고 엄마의 바람과는 달리 느린 서아에게 화를 참지 못한 것을 무척 미안해했다. 학교에 지각할까 봐 조급한 마음에 자신도 모르게 다그친 것이 서아에게 스트레스일 줄은 몰랐다는 것이다. 그리고 그림을 통해 부모 자신을 객관적으로 돌아보고 아이와 대화할 수 있게 된 것을 감사해했다.

그림 1-4 8세 서아가 그린 〈엄마에게 화가 난 가시소녀〉

아이들의 순수한 마음이 잘 드러난 작품은 가끔 어른들을 반성하게 한다. 그러나 이것이 아이들의 심리 표현으로만 끝나면 안 된다. 기억을 기록하는 것에 멈추면 오히려 나쁜 기억을 끄집어내어 부정적으로 재경험하는 것이 될 수 있다. 그러므로 한발 더 나아가 부모님이나 선생님 또는 같은 또래와 공유하고 작품에 대해 이야기해서, 그림을 표현된 것을 새롭게 구성할 수 있도록 해야 한다. 부정적 감정이 긍정적 감정으로 변화하는 경험을 해야 하는 것이다.

"어떻게?"라고 질문하면 아이들은 문제를 해결하기 위해 스스로 생각한다. 어떻게 하면 자신이 가시소녀가 되지 않을지 스스로 선택하고 생각하는 과정을 통해 이미 치유가 시작되는 것이다. 물론 그 과정에서 다양한 미술적 표현으로 생각하는 힘도 향상된다.

무뚝뚝한 우리 아이와 소통할 수 있어요!

수업 후 아이들의 작품을 엄마에게 보내드리고 아이들의 생각을 전달하면, 뜻하지 않게 아이의 마음을 읽게 되어 아이와 소통의 시간을 갖게 되었다는 분들이 많다.

요즘은 사춘기가 빨라져서인지 초등 4~5학년만 되어도 말수가 많이 줄어든다. 특히 남자아이들은 초등학교만 들어가도 부모와의 대화가 적어진다. 여자아이들은 학교생활에 대해서도 어떻게 지내고 있는지 종알종알 이야기하는 등 대체로 부모와의 소통이 잘되는 편이다. 그러나 남자아이들은 무슨 생각을 하는지, 어떻게 지내는지 통 말하지 않거나 단답형 대화만 오간다고 답답함을 호소하는 경우가 종종 있다. 이 시기에 미술 시간에 그린 작품으로 아이와 대화할 수 있는 기회가 생긴 것에 감사하다는 부모가 많았다. 아이가 우리 센터에서 미술 수업을 받으며 변화된 점 중 하나로 단연 아이와의 대화의 시간이 길어졌다는 것이다.

초등 5학년 원희가 《태엽 아이》라는 그림책을 읽고 시간에 쫓기는 자신의 모습을 그렸다(그림 1-5). 아이는 평소에 전 과목 올백이라는 목표를 갖고 노력하는 자신의 모습을 기계적으로 빠르게 돌아가는 태엽으로 표현한 것이다.

이 그림을 보고 원희 어머니는 하루 종일 생각에 잠겼다고 한다. 부모들의 욕심을 아이에게 강요한 건 아닌지 돌아보며, 이것을 계기로 아이와 대화를 나눌 수 있었다고 했다. 아이가 힘들어하는 것을 알고 있었지만 부모 자신도 바쁘다 보니 놓치고 지나갔는데, 이 그

그림 1–5 자신의 모습을 태엽 아이로 표현한 12세 원희의 작품

림을 통해 잠시 생각할 수 있는 시간을 가지게 된 것이다.

아이의 그림에는 아이가 느끼는 감정이나 평소에 인식하지 못했던 것들이 고스란히 표현되어 있다. 어린아이는 물론 성인도 말로 표현하지 못하고 스스로도 인지하지 못했던 감정이나 심리상태가 그림으로 표현된다. 그래서 심리치료의 한 영역으로 미술치료가 사용되는 것이다. 미술을 통해 억눌린 심리의 원인을 찾아 치료할 수 있다.

아프면 아프다고 하고, 슬프면 슬프다고, 화나면 화난다고 말하는 아이는 매우 건강한 아이다. 하지만 아이들 대부분이 자신의 상태를 말로 표현하지 못한다. 아이들은 아직 신체나 뇌의 발달이 미성숙하고, 성장 중이기 때문에 자신의 감정이나 기분이 어떤지 명확하게 알지 못하는 경우도 많다.

미술은 아이들이 정서적으로 건강하게 성장하는 데 많은 영향을 줄 수 있다. 미리 예방적 차원으로 미술을 가까이해서, 아이들이 상처가 깊어지기 전에 제대로 된 자기감정을 잘 드러내도록 도와주기 바란다.

2장

하브루타로 100가지 생각 만들기

단계별 하브루타, 미술에 접목하기

하브루타 권위자에게 배우다

나는 오랜 시간 미술교육 현장에서 아이들을 직접 지도하고 많은 데이터를 쌓아가면서, 유대인의 교육문화인 하브루타 교육법이 주는 이로움에 대해 깊이 공감하고, 내 교육철학을 더욱 확고히 다지게 되었다. 특히 세계적인 금융그룹인 요즈마 그룹의 요즈마캠퍼스에서 주관한 '하브루타 글로벌 인재양성 교육포럼'에 참여하면서 그것을 계기로 이론을 더욱 체계화할 수 있었다.

당시 강연자인 헤츠키 아리엘리는 실제로 영재교육기관을 설립하기도 한, 이스라엘 영재 교육의 세계적인 권위자이자 하브루타 교육의 세계적인 석학이다.

그는 포럼에서 하브루타의 질문 프로세스를 설명했다. 그가 설명한 질문의 프로세스는 다음 3단계를 거친다. 낮은 단계(Low Order, LO) - 중간 단계(Mid Order, MO) - 높은 단계(High Order, HO)로 생각하는 과정이다. 이것을 질문 확장법이라 한다. 'What is supernova?(초신성은 무엇일까?)'라는 주제로 질문 확장법을 살펴보자.

낮은 단계(LO)

질문으로 정보를 찾는 단계다. 즉각적 답변이나 인터넷으로 얻을 수 있는 답에 대한 질문을 한다. 답이 정해져 있어 토론이 필요 없는 단계, 단편적 질문 등이 이 단계에 속한다.

중간 단계(MO)

초신성이 무엇인지 정의하는 단계로 가려면 지식을 더 찾아야 한다. '초신성이 폭발하는 이유는 무엇인가?', '초신성은 어떻게 폭발하는가?' 등을 질문한다.

이 단계에서 제일 중요한 것은 '흥미도'다. 흥미가 있는 아이는 높은 지식으로 넘어가고, 흥미가 없다면 재미있는 질문으로 계속 질문해 완전히 다른 분야로 넘어가기도 한다. 중간 단계는 창의적 단계의 시작이라고 할 수 있다.

높은 단계(HO)

분석적 사고와 새로운 발견을 하기에 이르는 단계다. '초신성이 삶에 미치는 영향은 무엇인가?', '초신성은 우리 삶에 이롭게 활용할 수 있는 현상인가? 등의 질문을 하는 단계다.

하브루타 질문을 미술에 적용하기

하브루타의 질문확장법을 미술교육에 적용했다. 커리큘럼에 따라 동화책을 읽고 아동들에게 적합한 질문을 던진다. 작가와 다르게 생각해보고, 책의 주인공과도 다르게 생각하게 하는 질문이다. 이를 통해 하나의 주제로 각자 다른 아이만의 독창성을 키우게 된다.

하브루타 미술교육으로의 질문 접근방법은 다음 네 가지로 정리할 수 있다.

첫 번째: 내용 질문

스토리텔링 수업의 예시를 들어 다음과 같은 질문을 하도록 한다. '주인공은 누구일까?', '어디에 있을까?', '무엇일까?' 등 단어의 뜻이나 육하원칙에 따른 이해도를 묻는 질문이다.

두 번째: 심화 질문

'왜 그랬을까?', '주인공은 왜 이런 생각을 했을까?' 등 일어나지 않은 일에 대해 더 깊이 들어가 유추하거나 가정하고 상상해보는 질문이다.

세 번째: 적용 질문

'주인공이 나라면 어떨까?', '내가 작가라면 어떨까?'와 같이 자신의 실생활에 적용해보는 질문이다.

네 번째: 독창성 질문

'어떻게 남과 다르게 표현할 것인가?' 등 하나의 주제에 대해 낮은 질문에서 높은 질문으로 옮겨가며 깊이 관찰하고 스스로 생각할 수 있도록 질문하는 단계다. 계속되는 질문에 답하고자 생각이 이어지면 '생각하는 힘'이 더욱 깊어지고, 잠재되었던 창의력이 발현될 수 있다.

하브루타 미술교육 시작하기

본격적인 하브루타 미술교육을 시작해보자. 그림책을 통한 하브루타 미술교육을 예를 들어 설명해보겠다.

그림책 《어디에 있을까?》는 작가가 어린 시절을 떠올리며 그린 서정적인 책이다. 일상 속의 기억을 일깨우는 기발한 상상력으로 잃어버린 물건에 대한 애틋함과 내가 잃어버린 물건이 누군가에게 소중하게 쓰이길 바라는 마음을 담았다.

《어디에 있을까?》, 이재희 글 그림, 시공주니어, 2015

아이들과 책을 읽으며 다음과 같은 하브루타 질문을 해본다.

낮은 단계: 답이 있는 질문

- 내게 소중한 물건은 무엇이 있을까요?
- 내 물건 중 잃어버려도 되는 것은 무엇인가요?

- 나의 학용품에는 무엇이 있을까요?
- 그림 도구는 무엇이 있을까요?

중간 단계: 추론과 상상력 질문

- 물건이 사라졌을 때 기분이 어떨까요?
- 어디에서 잃어버렸을까요?
- 그 물건은 어디로 사라졌을까요?

높은 단계: 자신만의 완전히 새로운 것을 창작해내는 질문 단계

- 누가 가져갔을까요?
- 왜 가져갔을까요?
- 내 물건으로 무엇을 할 수 있을까요?
- 내 물건을 다른 용도로 사용할 수 있을까요?
- 그것이 가능하려면 어떻게 표현해야 할까요?
- 숲속의 어디일까요?
- 주인공 외에 다른 동물들은 있을까요?
- 잃어버린 신발은 어떤 모양일까요?
- 눈금자는 어떻게 생겼을까요?
- 담요의 무늬와 색깔은 무엇일까요?

아이들은 질문을 통해 자신의 소중했던 물건을 잃어버린 기억을 떠올리며 그 물건에 대한 애틋함을 느끼게 된다. 그리고 내가 잃어버린 물건이 어디로 가서 어떻게 쓰이고 있을까 상상해보며, 누군가에게 소중하게 쓰이길 바라는 마음을 가지게 된다. 머릿속에 떠오르는 작은 기억들이 꼬리에 꼬리를 물어, 그 끝에는 환상적인 판타지 세계가 열리기도 한다. 잃어버린 물건을 통해 기억의 단상을 일깨우는 매우 흥미롭고 창의적인 수업이다.

상상하며 그려보기

단계별 질문을 마친 다음에는 아이들이 질문에 대해 생각하고 상상한 내용들을 그림으로 그려보는 시간을 가진다.

그림 2-1 9세 규민이의 사라진 영어 노트는 파랑새의 집 지붕이 되었다.

규민이는 영어 노트가 없어졌다고 한다. 영어 노트를 펼친 모양에서 지붕이 연상되었다. 그 연상에서 착안해 스토리를 만들었고, 노트가 나무 위 파랑새의 집 지붕으로 사용되었다. 영어 학습의 부담감 때문인지, 아이는 상상 속에서 잃어버려도 될 만한 것으로 영어 노트를 선택해 재미있는 생각을 했다. 내 영어 노트로 파랑새의 엄마 아빠가 아기 파랑새에게 지붕 있는 집을 만들어주어서 기분이 좋았다고 했다.

작가의 일러스트에 영감을 받아 판타지 세계를 표현하기 위해 색 습자지를 이용해 환상적인 색감을 표현해주었다. 이 과정에서 습자지로 수채화 느낌을 내는 색다른 표현법도 알게 되었다.

그림 2-2 11세 예은이의 사라진 애착담요는 토끼가 따뜻하게 사용하고 있다.

예은이는 아기 때부터 아끼던 예쁜 곰돌이 그림이 그려져 있는 애착담요가 없어졌다고 한다. 자신에게는 너무 소중한 것이지만 귀여운 토끼가 따뜻하게 잠들 수 있다면 잃어버려도 괜찮을 것 같다는 상상을 했다. 따뜻한 감성과 배려가 느껴지는 작품이다. 잠자는 토끼의 세밀한 관찰과 표현력이 좋고, 전체적으로 숲의 풍경이 토끼와 잘 어우러진 붓 터치가 전문 그림 작가의 작품이라 해도 손색없을 작품이다.

그림 2-3 8세 범준이의 사라진 팔레트는 원숭이가 무늬 없는 기린에게 무늬를 그려줄 때 사용되고 있다.

범준이는 서랍의 물감 팔레트가 없어졌다고 한다. 어디로 갔을까? 아이는 숲속 원숭이가 이 팔레트를 이용해 기린의 무늬를 그려주고 있다고 한다. 귀엽고 기발한 생각이다. 독창적인 스토리를 아이의 순수한 마음이 느껴지도록 잘 표현한 작품이다.

그림 2-4 9세 재환이의 사라진 자는 개미들이 냇가를 건너는 데 사용되고 있다.

재환이는 필통에 있던 눈금자가 없어졌단다. 아이는 개미들이 냇가를 건너는 다리로 사용하고 있을 것 같다고 했다. 작은 개미들에게 눈금자는 개미를 구해준 큰 선물일 거라고 생각한 것이다.

하브루타 미술교육의 주의점

이 수업을 진행하고나서 보니 아이들 모두 같은 그림 같은 생각은 한

명도 없었다. 아이마다 각기 다른 누구도 생각하지 못한 아이디어라며 격려해주자 아이들은 성취감에 매우 뿌듯해했다. 이처럼 아동의 미술교육은 아이가 흥미로워할 수 있는 주제를 선정해 자발적 사고를 확장시켜주는 것이 가장 중요하다.

주의할 것은 정답이 정해져 있는 닫힌 질문이나 낮은 단계(LO)로 끝나버리면 안 된다는 점이다. 높은 단계(HO)까지 끌어줄 수 있는 질문이 중요하다.

일반적인 하브루타의 교육법은 질문에서 시작되어 대화와 토론까지 이어지지만 유아에서 초등 저학년까지의 아이들에게는 토론이 쉽지 않으므로, 연령에 따른 인지발달의 수준에 맞는 질문을 준비하는 것이 필요하다. 질문을 통해 스스로 생각하게 하고, 창의적 생각을 끌어내 그림으로 표현하도록 돕는다. 질문 확장법을 통해 LO에서 HO로 연령별 난이도를 달리해 깊이 관찰하게 하고, 스스로 생각할 수 있도록 하자.

눈과 귀를 열어 아이에게 집중하라

"우리 엄마 아빠는 배우인가 봐요"

딸아이가 어릴 때 동화책을 읽어주곤 했는데, 가끔은 피곤함에 목소리 톤이 일정해지게 된다. 그러면 아이는 금세 집중력이 흐트러지고 지루해했다.

아이마다 모두 성향과 집중력이 다르다. 집중력이 짧은 7세 이전의 아동이라면 목소리 톤의 변화만으로도 긴장감을 주고 더욱 집중하게 할 수 있다. 톤의 높낮이를 달리하고, 크게 말하기도 하고 아주 작게 말하기도 하면 같은 이야기라도 매우 흥미로워한다. 무슨 이야기가 나올까 궁금해하며 귀를 쫑긋 세운다. 동화에 아이의 이름을 넣어 읽어주면 아이는 이야기에 더욱 흠뻑 빠진다.

마찬가지로 교사에 따라 수업 분위기가 크게 달라진다. 에너지가 넘치는 선생님 반의 아이들은 수업이 끝나고도 아이들이 모두 기운이 넘친다. 선생님이 너무 차분하다 못해 힘이 없어 보이는 반은 아이들도 조용하고 처지게 된다. 집중력이 짧은 아이를 지도하기 위해서는 선생님이 멀티 엔터테이너가 되는 것이 유리하다.

가정에서도 마찬가지다. 부모의 그날 분위기나 기분이 아이의 교육에도 영향을 준다. 그러므로 7세 이하의 아이에게는 부모가 다양한 변화를 주는 것이 좋다. 예를 들어 아이들에게 인물 동작에서 관절을 설명한다면, 연기자가 되어 뛰거나 걸으면서 관절의 움직임을 몸소 보여주는 것이 좋다. 또 스토리텔링을 할 때는 성우가 되어 목소리 연기를 하면서 이야기를 들려주자. 부모만큼 좋은 선생님은 없다.

부모님 귀는 당나귀 귀

다양한 재료를 사용하는 조형 작업 시에는 매의 눈을 갖고 예민하게 아이를 주시해야 한다. 아무리 주의를 주어도 어느 순간 크레파스가 아이들의 입으로 들어가기 때문이다. 아이들을 가르치는 선생님은 뒤돌아서서도 눈이 뒤에 달려 있어야 한다고 할 정도다.

아이들의 행동 습성에 대해 잘 알고 있으면 지도하는 데 도움이 된다. 미술 수업에서는 다양한 도구를 사용하게 되는데, 뜨거운 글루건이나 뾰족한 송곳, 가위처럼 자칫 잘못 다루면 위험한 무기가 될 수도 있는 물건들이 많다. 아이의 동선을 예측해 미리 치워놓는 등 안전에 주의해야 한다.

가정에서 아이를 가르칠 때는 특히 아이의 작은 질문에도 귀를 기울이고 대답해줄 준비를 하고 있어야 한다. 아이들은 순간순간 생각나는 시시콜콜한 이야기도 부모가 들어주길 바란다. 그런데 어떤 부모들은 아이들이 몇 번을 불러도 묵묵부답이다. 아직 자기중심적이고 인내심이 적은 아이들은 기다리는 것을 힘들어하고, 부모가 자신에게 무관심한 것으로 오해하게 된다. 이것이 반복되면 아이는 더 이상 질문하지 않는다.

만일 부모가 아이의 말을 들어줄 상황이 아니라면 반드시 설명이 필요하다. "응 잠깐만 기다려줘, 이것만 하고 얘기 들어줄게", "잠시만, 지금 이야기 중이잖아. 이야기가 끝나면 네 얘기 들어줄게, 잠시만 기다려줘", "먼저 동생 얘기도 들어보고 그다음에 순서대로 이야기해보자"라고 상황을 말하고, 기다림이 필요하다는 것을 이해시킨다. 단 아이의 얘기를 들어준다는 약속은 반드시 지켜야 한다.

아이와의 미술 놀이에는 언제나 돌발 상황이 발생할 수 있다. 한눈을 팔면 한순간 아수라장이 될 수도 있고, 상처를 입기도 한다. 어떤 순간이라도 부모와 교사가 어떻게 대처하느냐에 따라 바른 인성과 사회성을 키우는 교육의 장이 될 수 있다.

더 많이 준비할수록 더 깊이 끌어낼 수 있다

아이의 생각하는 힘을 키우는 데에는 경험도 매우 중요한 요소다. EBS 〈다큐프라임 - 다시, 학교〉에서는 창의성이 특별한 재능이 아니라고 말한다. 창의력은 전두엽 피질이 얼마나 활성화되어 있는가에 달려 있으며, 뇌는 누구나 훈련받고 교육받으면 바뀔 수 있다는 것이다.

미국의 존 베어 교수는 실험을 통해 '창의력은 단련하고 노력한다면 기를 수 있다'는 것을 보여준다. 그는 시를 쓰는 법을 공부한 그룹과 시 쓰는 법에 대해 전혀 지식이 없는 그룹, 이 둘 중 더 창의적인 쪽이 어디인가를 실험했다. 결과는 시 쓰기 지식을 공부한 그룹이 더 창의적인 모습을 보였다. 존 베어 교수는 실험 결과를 통해 지식이 선행되어야 그것을 적용해 확산적 사고를 할 수 있고, 창의성이 더 높아진다는 점을 강조했다.

미국의 재즈 연주자인 존 콜트레인 역시 꾸준한 노력으로 '천재적 재즈 연주자'가 되었다. 그는 여러 음계를 넘나들며 몇백 개의 음을 연주한다. 재즈 음악가들은 복잡한 음악의 구조와 실용적인 이론을 많이 알고 있는데, 수많은 연습과 음악적 지식이 바탕이 되어 즉흥 연주가 가능해지는 것이다.

토머스 에디슨은 "1퍼센트의 영감과 99퍼센트의 노력이 창의다"라고 했다. 그처럼 창의력은 어느날 갑자기 튀어나오는 것이 아니다. 끊임없이 학습하고 훈련한 끝에 창의력이 개발되는 것이다.

그렇다면 단순히 열심히 노력하기만 하면 될까? 아니면 창의성을 발현시키는 어떤 활동이 따로 있는 것일까?

새로운 아이디어나 통찰력은 호기심과 즐거운 마음으로 상상 → 창작 → 실험 → 공유 → 생각의 과정을 반복해야만 생겨난다. 하브루타 미술도 다르지 않다. 생각, 지식, 정보의 통합 과정으로 아이들의 수행의 질이 높아진다.

미술에는 하나의 답이 있지 않기에, 다양한 상상력을 자극할 수 있도록 많이 보여주고 이야기를 들려주어야 한다. 그래서 아이들에게 다양한 주제를 영상이나 사진, 동식물 관찰용 실물, 실물모형 등으로 제공하고, 최대한 탐색하고 관찰할 수 있게 하는 것이 필요하다. 이러한 기초 정보가 부족하게 되면 아이들은 무엇을 그려야 하는지 몰라 집중력이 떨어질 수 있다. 많이 배워야 많이 표현하게 된다.

아이들에게 기초 정보를 충분히 제공했다면, 질문을 통해 생각하게 하도록 이끌어주어야 한다. 대답을 하는 과정에서 자칫 산만해질 수도 있으므로, 약속과 규칙을 정하는 것도 한 방법이다. 아이가 규칙을 지키고 차분히 앉아 있다고 해서 창의력을 억누르는 것은 아니다. 질문에 대한 대답이나 발표에 적극적이지 않다면 부모나 교사의 도움으로 마무리할 수 있게 한다. 아울러 좋은 질문을 하기 위해서는 부모도 그 주제에 대해 알아야 한다. 수업 전 주제에 대해 표현한 독창적인 작품을 미리 조사하는 준비가 필요하다.

이렇게 계획하면 따로 미술학원을 보내지 않아도 충분히 홈스쿨링을 할 수 있다. 준비과정의 중요성과 교육의 성과로 아이는 아는 만큼 그려내게 된다. 부모나 전문기관의 준비는 아이의 작품 수준과 비례한다. 더 많이 준비할수록 더 깊이 끌어낼 수 있다.

작품 보며
이야기 끌어내기

'몰라요'가 익숙한 아이들

발표를 시키면 습관적으로 '몰라요', '그냥요'라는 말을 달고 사는 아이들이 많다. 그것은 아이들이 자신의 생각을 표현하는 데 익숙하지 않기 때문이다.

우리는 태어난 이후로 매 순간 소통하며 살아간다. 말을 하기 시작하면서 가정을 벗어나 유치원이나 학교라는 작은 사회에 소속된다. 성장하면서 다양한 사람들과 만나고 적극적으로 자신의 생각을 표현할 수 있어야 원하는 바를 이룰 수 있게 된다.

원활한 의사소통이 어렵다면 사회성 발달에도 방해가 되고, 자존감이 낮아져 학업성취도에도 영향을 미친다. 아이의 의사소통 능력은 연습을 통해서 충분히 발전시킬 수 있는데, 미술은 아이들의 언어 발달에도 큰 도움을 준다. 특히 유·아동기에는 한정된 경험으로 다양한 언어를 구사하는 것이 쉽지 않은데, 재미있고 무궁무진한 소재의 미술을 통해 구체적인 경험을 제공하면 이것을 토대로 아이들이 언어 사용을 확장해가게 된다. 유아가 자발적으로 호기심을 느낄 수 있는 소재라면 더욱 좋다.

사실 미술과 창의력은 누구나 쉽게 연결할 수 있지만 미술활동이 소통의 도구라는 것은 쉽게 떠올리지 못한다. 미술이 어떻게 아이의 어휘력을 확장시키고 언어 발달에 영향을 미치는지 알아보자.

오감으로 탐색하며 언어 발달시키기

'양떼마을'이라는 주제로 엄마와 아이가 하브루타 미술 수업을 진행하는 과정에서 언어 발달 포인트를 살펴보자.

수업의 주재료는 솜과 사포다. 목공용 사포는 철물점이나 마트의 공구 코너에서 쉽게 구입할 수 있다. 재료 탐색 과정에서 아이는 솜과 사포의 상반된 촉감의 소재를 통해 언어와 오감을 동시에 발달시킬 수 있다. 눈으로 비교하고 손으로 만져보며 질감을 탐색한다. "솜의 느낌이 어떠니?"라고 질문해보자. 아이가 머뭇거리거나 표현하기 힘들어한다면 답을 알려주지 말고 지속적인 생각을 이끄는 질문을 한다.

"이게 뭘까? 보들보들한가? 몽실몽실한가? 폭신폭신한 것 같기도 하고……."

그리고 "아, 솜은 보들보들한 거구나"라고 다시 아이의 행동을 문장으로 정리해서 말해준다.

다음에는 “사포는 사각사각한가? 까끌까끌한가? 또 어떤 느낌일까?”라고 질문한다. “이것이 까끌까끌한 거란다”라고 답을 알려주기보다 아이의 표현을 인정하고, 계속 생각하게 하면서 질문을 이어간다.

이 과정에서 거친 느낌의 사포와 솜이라는 부드러운 촉감의 상반된 소재를 통해 아이는 다양한 질감을 체험하며 오감으로 어휘를 익힐 수 있다. 또 의태어나 의성어를 통해 느낌을 언어로 표현하는 방법을 자연스럽게 배운다. 그렇게 언어를 모방하며 반복하다 보면 스스로 자신의 방법을 터득하게 된다.

질문으로 생각지도 만들기

작품을 만드는 과정에서 다양한 질문을 통해 아이가 생각지도를 만들게 돕는다.

“지금 날씨는 어떨까?”

“양들은 어디에 있을까?”

“양들만 있을까?”

“누구와 함께 있을까?”

“양들은 무엇을 하고 있을까?”

“뛰어놀고 있을까?”

“한가롭게 풀을 뜯고 있을까?”

“지금 양들의 기분은 어떨까?”

부모의 다양한 질문에 아이는 자신만의 생각지도를 갖고 상상을 거듭하며 작품을 완성하게 된다. 이 과정에서는 스토리를 구성할 수 있도록 다양하고 재미있는 질문을 던져야 한다. 육하원칙에 근거한 질문이 체계적으로 스토리를 구성하는 데 도움이 된다.

또 이 단계에서는 미술의 표현법도 중요한 부분이다. 끊임없이 선택하고 생각하고 손을 조작하는 활동은 뇌 발달, 문제해결력, 소근육 발달을 위해 매우 유익한 활동이 된다.

"양을 솜으로 꾸며줄까?"

"하늘의 구름으로 사용할까?"

"더 좋은 생각은 없을까?"

아이가 힘들어하면 구체적인 질문을 통해 생각하는 것을 도와줄 수 있다. 사포에 크레파스를 사용할 때 느낌은 어떤지, 그리고 어떻게 응용이 가능한지에 대해서도 물어본다. 이런 질문들을 통해 아이들은 다양한 응용력을 발휘하게 된다.

아이가 양떼 목장에 직접 가본 경험이 있다면 가장 좋은 동기부여가 되겠지만 가본 적이 없어도 괜찮다. 다양한 시각자료를 준비해서 간접 경험을 하게 할 수도 있다. 나는 구입 가능한 소재는 최대한 실물로 준비하는데, 준비가 어렵다면 되도록 그림보다는 사진자료로 준비하는 것이 좋다. 그림이나 도안은 고정관념을 형성해 아이가 직접 관찰하고 표현하는 데 방해가 될 수도 있기 때문이다.

이때 아이가 표현하려고 하는 행위를 관찰해서 부모가 언어로 다시 정확하게 말해주는 것도 필요하다. 아이의 활동을 언어로 정리해 더 많은 생각을 할 수 있게 질문한다.

"양떼 목장의 울타리로 표현하고 싶었나 보구나. 와! 튼튼해서 아무나 못 들어올 거 같아."

"양들에게 그늘이 되어줄 지붕을 만들었네. 양들이 시원하겠는걸."

아이는 부모의 관심을 받고 있다는 것만으로 신이 나고 행복감에 빠지게 된다.

아이의 말을 잘 들어주면 잘 말하게 된다

아이의 작품으로 아이와 함께 대화한다. 아이와 작품을 공유하면서 무한한 이야기를 끌어낼 수 있다. 미술을 언어 성장 도구로 활용하는 것이다.

아이가 언어로 표현하기 어려워하면 부모가 아이의 작품을 자세히 살피고 되도록 세세한 질문을 하는 게 좋다.

"양떼 가족일까? 양떼 친구들일까?"

"양들이 어디를 가고 있을까?"

"지금 날씨는 어떨까?"

아이가 말끝을 흐리면 또박또박 정확하게 말할 수 있게 교정해야 한다. 그 과정에서 아이는 상황에 맞게 언어로 표현하는 것을 배우게 된다.

무엇보다 어휘가 부족한 아이의 말에 인내심을 갖고 귀 기울여 주어야 한다. 답답하거나 원했던 말이 아니어도 절대 다그치지 말고, 아이의 말을 들어주어야 한다. 그러면 아이는 부모나 교사로부터 자신이 존중받는 느낌을 받게 되고, 말하는 기쁨을 느껴 자꾸 더 하고 싶은 마음이 생긴다.

이러한 미술 놀이를 반복하다 보면 생각을 말로 표현하는 습관을 갖게 되고, 그러면서 아이의 언어능력이 훌쩍 향상된다. 듣고, 말하고, 다시 질문하는 과정을 통해 단조로운 일상의 어휘를 벗어나 다양한 어휘를 접할 수 있고, 완성된 작품의 스토리를 이야기하며 스스로 언어 발달을 경험하게 될 것이다. 그뿐만 아니라 아이와 부모의 애정도 두터워지는 등 정서적으로도 매우 긍정적인 영향을 준다.

미술은 그 어떤 학습도구보다도 부작용이 없으며 생각하는 힘과 언어 발달이라는 일석이조의 효과를 거두게 된다. 그러니 미술은 아동의 발달에 꼭 필요한 필수영양제라고 할 수 있지 않을까.

자유로운 발상으로
미지의 세계 넘나들기

아이의 성향별 지도가 최선이다

아이와 함께 밥을 먹을 때나 학교나 학원을 다녀온 후, 아이가 책을 읽고 난 다음에 질문을 통해 대화하고 있다면, 이미 가정에서 하브루타 교육을 하고 있는 것이다. 여기에 미술교육을 접목할 때는 먼저 아이의 성향을 생각해야 한다.

아이들의 성격과 성향은 같은 부모 밑에서 자란 형제일지라도 각각 다르다. 가정에서 미술을 지도할 때는 아이들의 다양한 성향과 상황에 맞춰 다르게 하는 것이 가장 이상적이다.

가령 자신감이 없고 소극적인 아이를 스스로 할 때까지 내버려둔다면 아이는 더욱 부담을 가지거나 미술시간을 두려워할 수도 있다. 이런 경우는 교사나 부모가 아이의 손을 함께 잡고 일단 시작하게 도와주면 두 번째, 세 번째는 스스로 할 수 있게 된다. 반대로 자신감 넘치지만 성격이 급한 아이는 항상 빨리 끝내고 대충 그리려고 한다. 이런 성향의 아이는 스스로 하게끔 지켜봐주는 대신, 좀 더 난이도가 높은 질문을 통해 밀도 있는 그림을 그릴 수 있도록 한다.

하브루타로 그림에 스토리를 입혀라

취학 전 아동들은 자신이 평소에 좋아하고 쉽게 그릴 수 있는 그림만 고집할 수 있다. 이 시기에 관심 있는 것에만 몰두하는 것은 아동의 발달단계상 자연스러운 현상이다. 예를 들어 6~7세 딸을 가진 엄마들은 다양한 주제로 그렸으면 좋겠는데, 아이가 공주 그림만 그린다고 걱정한다. 다음 대화를 보자.

엄마 맨날 공주만 그리니?

아이 난 공주가 제일 좋아. 공주만 그릴 거야.

엄마 공주 그림 지겹지 않니? 다른 것 좀 그려봐!

아이 뭘 그려야 할지 모르겠어.

엄마 집도 그리고 나무도 그려봐. 사람도 몇 명 더 그리고.

아이 못 그리겠어! 엄마가 그려줘.

엄마 그냥 아무거나 그려봐! 엄마 지금 바쁘니까 나중에 그려줄게.

엄마는 집안일을 하다가, 아이 그림에 참견했다가, 다시 집안일로 돌아간다. 가장 일반적인 가정의 모습일 것이다. 이렇게 부모는 아이가 그림을 그릴 때 이야기의 확장을 돕지 못하는 경우가 많고,

아이들은 이 시기의 특성상 자기가 좋아하고 쉬운 것에만 도전하게 된다.

이럴 때는 직접적이거나 간접적인 경험을 유도하고, 다양한 주제로 접근해야 한다. 상상력을 자극하기 위해 여러 가지 스토리를 구상해보기도 하고, 창의적인 작품의 사례를 보여주는 것도 좋다. 그러면 아이는 메마른 사막에서 오아시스를 발견한 것처럼 고정관념의 틀을 깨고, 제시된 스토리나 샘플에 자신의 생각을 계속 보태면서 전혀 다른 새로운 그림을 창조해내기도 한다.

다음은 하브루타 미술교육을 시도한 엄마와 아이의 대화다.

엄마 오늘은 공주의 표정이 더 행복해 보이네! (아이는 어제와 같은 공주 그림이지만 엄마의 말 한마디에 어디가 다른지 관찰한다)

엄마 공주는 어디에 살고 있을까? (상상을 통해 이야기를 확장시킨다)

아이 성에 살고 있어.

엄마 그럼 성은 어디에 있을까? 성 안에 공주가 있을까? (구체적인 질문으로 생각해보게 한다)

아이 그런데 공주 성은 못 그리겠어. 엄마가 그려줘요!

엄마 아, 그렇지. 성 그리는 게 어려울 거야. 엄마도 생각이 잘 안 나는 걸. 그럼 성은 어떤 모양인지, 어떻게 생겼을지 같이 찾아볼까? 그런데 똑같이 그리지 않아도 네가 상상해서 그려도 좋아. 엄마가 그리면 엄마 그림이 되는데 괜찮을까? 엄마는 우리 딸 그림을 보고 싶은데. (컴퓨터나 스마트폰으로 함께 자료를 찾아보고, 직접 그

려주지 말고 특징을 관찰하게 한다. 간접 경험을 통해 스스로 그려낼 수 있도록 한다)

엄마 공주는 성 밖에 있는 걸까? 안에 있는 걸까?

아이 성 밖에 있어. (아이는 공주 뒤에 작은 성을 그린다. 공간지각능력과 인지력이 향상된다)

엄마 성에서 멀리 나왔네. 정말 그런 것 같아. 공주는 무엇을 하고 있을까? (의도하지 않은 우연한 표현이지만 생각을 따라 스토리의 개연성을 만들어보도록 한다)

아이 토끼랑 놀고 있어. 토끼랑 숨바꼭질 중이야. (아이는 상상력을 발휘해 사고를 확장하기 시작한다)

엄마 토끼는 혼자 있어? (질문으로 생각의 꼬리를 잇게 한다)

아이 아니! 가족이랑 있어. 엄마 토끼, 아빠 토끼, 아기 토끼…….

엄마 우와, 토끼 가족이구나! 그럼, 토끼는 어디에 있을까?

아이 나무 아래에서 힘들어서 쉬고 있어. (토끼를 의미 없이 그리려는 아이에게 하브루타 도입 질문을 통해 다양한 표현력을 유도한다)

아이는 매번 그리던 공주를 그리다가 이야기를 만드는 창의적 과정에 참여하면서 등장인물, 장소, 인물의 행동에 대해 상상한다. 또 성 주변의 동물, 곤충, 숲 등도 상상하기 시작한다. 그다음 아이디어를 직접 종이에 옮겨서 토끼와 공주의 스토리를 창작해낸다.

토끼를 직접 보고 관찰한다면 제일 좋겠지만 구할 수 없다면 미디어, 영상, 인터넷 검색을 통해 찾아보는 것도 나쁘지 않다. 경험을 통해 아이는 정보를 습득하면서 인지력이 향상된다. 토끼는 초식동물이라는 정보를 통해 지식이 확장되면서 자연스레 그림 안에 토끼가 맛있어 하는 당근이나 토끼풀을 그려 넣기도 한다. 또한 토끼의 특징을 관찰해 직접 그린다면 내 아이만의 독창적인 표현 스타일이 만들어진다. 여기에 어떤 색을 쓸지, 채색 도구는 무엇으로 할지 등도 생각해보도록 하면서 최대한 다양한 재료를 준비해주면 더욱 효과적인 교육이 이뤄질 수 있다.

아이의 표현 인정하기

가끔 엄마들은 "얼굴은 파란색이 아니야, 얼굴은 (연한 주황색을 짚으며) 살색이야"라고 아이의 작품을 부정하거나 단정 지으며 충고를 하는 경우가 있다. 이럴 때는 결과를 평가하지 말고 과정에서의 스토리를 질문하도록 한다.

"엄마 얼굴을 파란색으로 칠했구나, 재미있네! 왜 파란색으로 칠했을까?"라고 먼저 아이의 표현을 인정하고 질문한다. 아이가 "엄마가 지금 깜짝 놀란 거예요"라고 말한다면 상상력을 발휘해 그림으로 표현한 점을 칭찬해주어야 한다. 결과만 보고, 부모의 고정관념에서 못 벗어난 그림만 강요한다면 아이의 자유로운 발상을 꺾는 결과를 초래한다.

유년기의 자유로운 발상에 저해를 받은 아이들은 성인이 되었을 때 어떤 분야에서든 혁신적인 아이디어를 내기 어렵다. 그뿐만 아니라 이런 일이 반복되면 아이는 자신감을 잃게 되고, 자존감도 낮아진다. 반면 "좋은 생각이야"라고 인정해주는 것만으로도 아이는 자유로운 발상과 자신 있게 표현하는 어른으로 성장할 수 있다.

아이 어른 할 것 없이 그림에는 모든 이의 무의식적 내면이 표출된다. 이는 특히 언어 표현이 미숙한 유·아동기에 그림이 중요한 소통의 도구가 되는 이유기도 하다. 아이들은 그림 속에서 동물들과 함께 뛰어놀고, 이상한 나라의 앨리스가 되어보기도 하고, 시공간을 초월한 미지의 세계를 넘나들며 외계인이나 공룡과 친구가 되기도 한다. 그처럼 무한한 상상이 펼쳐지는 세계이기에, 이 시기 아이의 인위적이지 않은 순수한 그림에는 눈길을 사로잡고 빠져들게 하는 매력이 존재한다.

이러한 좋은 도구인 미술이 단순히 미적 기능만 발달시킬지, 또는 다양한 영역에서 재능의 발달을 도울지는 어떻게 지도하느냐에 달려 있다.

스토리텔링으로 자유롭게 소통하기

어린 연령일수록 아이마다 인지력의 수준과 발달 정도가 매우 다르다. 따라서 수업에서도 이해도의 차이를 고려해 다양한 동기부여 방식을 적용해야 한다.

다음은 아이들이 어떤 주제에서든 집중하게 하는 스토리텔링 질문법이다. 실제 수업 과정의 예시를 통해 아이들이 이해할 수 있게

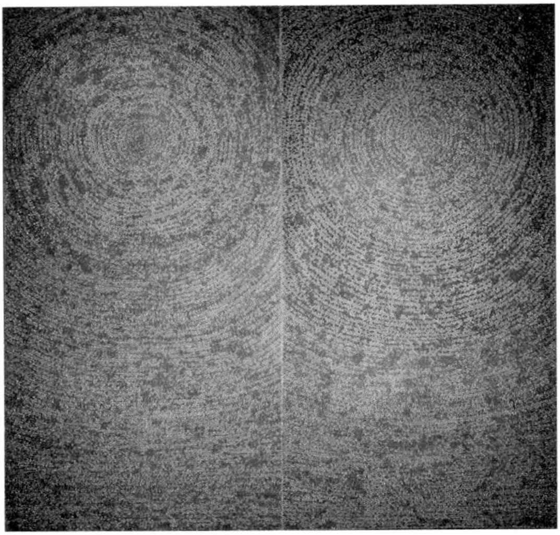

그림 2-5 〈우주(Universe 5-IV-71 #200)〉, 김환기, 1971
출처: 연합뉴스

눈높이에 맞춰 진행해보았다. 명화나 갤러리 전시작을 감상하고, 화가의 기법을 체험하며, 작가를 이해해보고 나만의 이야기를 담은 작품을 완성하는 수업이다. 예시로 든 내용은 특히 점묘법으로 유명한 한국 추상미술의 대가 고 김환기 화백의 다양한 작품 중 〈우주(Universe 5-IV-71 #200)〉의 설명법이다. 이 작품은 최근에 경매에서 132억 원으로 우리나라 화가의 작품 중 최고금액에 낙찰되어 더욱 유명해지기도 했다. 이 내용을 아이들이 이해하기 쉽게, 기억할 수 있도록 설명을 하면 이러하다.

"지금은 하늘나라에 계신 김환기라는 화가 아저씨 그림을 함께 보자. 아저씨가 생각해낸, 세상에서 단 하나밖에 없는 점 찍는 방법으로 유명해진 우리나라 화가란다. 그런데 점으로 그림을 그릴 수 있을까? 이 작품은 천장만큼 큰 하얀 천에 20일 동안 하루 종일 점을 하나하나 찍어서 만든 작품이래. 네가 보기에는 무엇처럼 보이니? 작품을 보니 제목을 어떻게 붙여주면 좋을까?"

이처럼 아이들에게 작가와 작품에 대한 설명을 스토리텔링으로 재해석해서 들려주면 아이들은 작품을 더 쉽고 친근하게 이해하게 된다. 스토리텔링 중간에 유머를 넣으면 아이들이 꽤나 오랫동안 기억하고, 집에 가서도 부모와의 이야기가 끊이지 않는다.

"제목을 왜 우주라고 했을까?"

이 질문에 아이들은 영상으로 작품을 더 유심히 관찰하게 된다. 보이지 않던 행성도 보인다고 하고, 어떤 아이는 외계인도 찾았다며 다양한 추측을 자유로운 발상으로 풀어낸다.

이 수업 후 실제로 일곱 살 아이의 한 부모님은 아이가 이번 미술 활동이 너무 인상적이었다고 말하더라고 전했다. 아이는 초등학생인 형에게 화가 이름도 알려주고, 선생님이 했던 수업처럼 퀴즈를 내기도 하며, 그림으로 집을 100채나 살 수 있다고 형과 엄마에게 들려주었다고 한다. 아이가 선생님이 들려준 이야기를 그대로 전해 주어서 깜짝 놀랐고, 상식도 늘어서 너무 감사하다고 하셨다.

이처럼 아이가 이해하기 쉬운 단어 선택과 사실을 쉬운 스토리로 준비해보자. 시간을 내 조금만 노력하면 아이들은 감상 내내 몰입하며 즐기고, 반짝반짝 빛나는 반응으로 보답해준다. 위의 스토리텔링식 동기부여에서 알 수 있듯, 적절한 유머와 생각을 이끌어내는 질문은 아이들의 긴장감을 해소한다. 아이들의 수준에 맞게 쉬운 언어로 설명하고, 언어가 서툰 아이들에게는 표정과 마음 상태를 놓치지 않도록 세심하게 관찰한다면 많은 도움이 된다.

또 아이들은 아이들만의 세계가 있으므로, 그것을 이해하고 눈높이를 맞춰준다면 더욱 효과적이다. 아이들은 어른들과 자유롭게 대화하면서 상상을 하고, 거기에서 기발한 아이디어가 생산된다.

아이의 결과물을 그 자체로 인정하라

엄마의 선택이 아이의 미래다

미술학원을 보내는 대부분의 부모는 유·아동기에 미술교육이 좋다는 것을 알고 있다. 아이와 손을 잡고 상담을 온 부모들은 그저 우리 아이가 재미있게 즐길 수 있으면 좋겠다고, 미술을 재미있어만 한다면 더 바랄 건 없다고 한다. 그러다 동그라미도 제대로 못 그리던 아이가 세세하게 엄마의 얼굴을 그리기 시작하면 "우리 아이가 한 게 맞나요?"라며 감동한다.

그런데 6개월 정도가 지나면 아이의 그림 실력이 왜 늘지 않는지 반문하며 선생님의 교육법을 의심하는 사람들이 생기기 시작한다. 그러다 유치원 참관수업에 가서 엄마 얼굴을 그린 아이의 작품을 보고는 심란해한다. 파란색, 검정색으로 알아볼 수 없게 얼굴을 칠해 놓은 아이의 그림과 또렷하게 선을 지켜 색칠까지 한 다른 아이의 그림을 비교하며 실망하기도 한다. 교사에게 "우리 아이는 손가락이 언제 나오나요?"라고 묻는다.

그럴 때 교사가 흔들리면 학부모의 눈치를 보게 되고, 은연중에 아이들에게 잘 그리라고 강조하게 된다. 그래도 아이의 실력이 늘지 않으면 부모의 눈치를 봐가며 자신이 그려주는 교사도 있다. 그러다 기가 죽고 자신감이 떨어진 아이가 그림에 더욱 흥미를 잃어버리는 부작용을 겪기도 한다.

엄마의 트라우마

초등학생 시절에 미술 사교육을 받았던 학부모 한 분이 자신이 겪은 미술교육에 대한 경험을 이야기한 적이 있다. 이분은 자신이 아이들의 교육기관을 신중하게 선택하고자 했던 이유를 들려주었다.

사교육의 메카인 강남에서 초중고를 다녔던 그분은 미술이 너무 좋아서 엄마를 설득해 미술학원을 가게 되었다고 한다. 그런데 그 학원에서는 자신이 스케치를 해서 검사를 맡으면 건성으로 "잘했어"라고 하면서 그 그림을 지우개로 다 지워버리고 선생님이 다시 그려주었다고 한다. 그리고 자신에게는 색칠만 하라고 했다는 것이다. 그런 기억 때문에 미술을 좋아했지만 자신이 잘 못한다는 생각에, 자신감 없는 성인으로 자랐다고 했다. 대학도 미대가 아닌 원치 않은 다른 과를 선택해서 사회생활을 하게 되었다고 한다.

물론 모든 미술학원의 선생님들이 다 그렇지는 않다. 하지만 실제로 교육 현장에서 그런 일이 종종 일어나는 것도 사실이다. 아이의 그림을 대신 그려주면 아이는 자신의 창작 활동이 무시당했다고 여기게 되며, 아쉬움과 자신감의 결여로 자신의 역량을 과소평가하는 어른이 된다.

이분은 자신의 아이들만은 정말로 창의적인 교육을 받기를 원했다. 자신이 못 이룬 미술에 대한 꿈을 아이는 이루기를 바라는 마음으로, 까다로운 안목으로 확고한 교육관을 갖추고 미술학원을 선택하게 되었다는 이야기였다.

나는 아이들이 스스로 생각해 그리도록 하고, 남과 다른 자신의 생각에서 나온 그림이 가장 멋지다고 반복해서 이야기해준다. 아이들이 실수를 했을 때도 바로 고쳐주지 않고, 스스로 문제를 해결할 시간을 충분히 준다. 무엇이 다른지 더 관찰하게 하고, 그 결과 스스로 배운 것을 칭찬한다.

혹시 어른이 도와주어야 할 일이 있으면 물어보고 나서 아이의 의사를 존중해서 도와준다. 그런 작은 차이들이 시간을 지나며 누적되었고, 그동안 우리 센터에서 꾸준히 수업을 받아온 이분의 아이들도 미술에 뛰어난 재능과 개성을 갖추게 되었다. 그런 이유로 이분은 큰아이가 다섯 살에서 초등학교 5학년이 된 지금까지, 흔들리지 않고 나의 교육관과 우리 센터를 지지하고 응원해주고 있다.

그림을 그려달라고 하는 아이

센터를 찾는 부모님 중에는 "우리 아이가 그림 그리기를 싫어해요. 자꾸 그려달라고 해요"라고 하소연하시는 분들이 많다. 이분들의 아이를 잘 관찰해보면 자신감이 부족한 경우가 많다. 자신이 그림을 잘 못 그린다고 생각하기 때문에 어른에게 대신 해달라고 하는 것이다.

미술교육에서 자기표현이 나타나는 2~4세 전후의 아이들을 난화기라고 한다. 이때 아이가 "강아지 그려줘요", "새도 그려줘요"라고 요구할 때 부모가 항상 그림을 그려주면 이런 문제가 심화된다. 엄마의 그림 실력이 좋지 않아도 아이의 눈에는 무척 잘 그리는 것으로 보인다. 엄마 그림이 진짜 그림이고, 자신은 잘 못 그린다고 생각하는 것이다. 못하는 것을 들키고 싶지 않은 마음과 엄마가 나보다 그림을 더 잘 그린다는 생각이 점점 커지면서 그림에 대한 자신감이 부족하게 된다. 아이에 따라서는 교육기관에서의 경험이 부작용이 될 수도 있다. 미술학원 선생님이나 다른 친구들은 잘 그리는데, 자기는 그에 비해 못하다는 생각에 스스로 그리기를 포기한다.

5세 정도의 정상적인 발달단계에서 아이가 스스로 그림을 그리려 하지 않고 엄마에게 자꾸 그려달라고 하는 것은 자기 그림에 자신감이 없기 때문인 경우가 많다. 한편 이런 아이들은 또래에 비해 눈치도 빠르고 인지능력도 좋으며 세심하고 자존심이 세다. 자기가 그린 그림보다 엄마나 어른들이 그린 그림이 더 잘 그린 그림이라고 생각하기 때문에, 점점 더 그림을 그리기 싫어하고 흥미를 잃어가는 것이다. 어떤 부모님들은 아이가 조금만 힘들어해도 대신 그려주는 것이 친절한 선생님이라고 생각하지만, 그렇게 되면 아이는 어느새 속으로 주눅이 들고 더욱 자신감을 잃게 된다. 그림을 잘 그리고 못 그리고가 기준이 아니라, 자신만의 생각과 스토리를 담아 거침없이 표현할 수 있도록 칭찬하고 격려해야 한다.

자신감 있는 아이는 부모의 한마디가 다르다

만일 아이가 자꾸 그려달라고 하면, 부모님은 너무 잘 그리려고 애쓰지 말고 오히려 일부러 삐뚤삐뚤한 선으로, 아니면 자주 쓰지 않는 손에 연필을 잡고 그려줘보자. 그리고 아이에게 이렇게 말해주자.

"엄마도 잘 안되네. 엄마는 우리 딸 그림이 더 재미있고 좋은 거 같아. 한번 직접 그려서 보여줘"라며 스스로 그려보게 유도한다. 아이가 만족스럽진 않아도 스스로 그리게 하는 데에는 효과가 있다.

"잘 그렸다"라는 기능적인 결과물에 대한 평가보다 "어떻게 이런 생각을 했어? 내용이 재미있다"라고 그림의 독창성과 스토리를 공감하고 인정해주자. 이런 작은 차이가 전혀 다른 결과를 만든다.

아이가 인물 그림에 귀나 목을 빼놓고 대충 그렸다면 "귀를 그려야지, 또 목은 왜 안 그렸어!"라고 다그치기보다 엄마의 얼굴을 충분히 관찰하게 하고 "무엇이 없을까?" 하고 질문하며 같이 생각해본다. 예를 들어 "귀가 없으면 예쁜 목소리를 들을 수 없을 거 같은데, 어떻게 하면 좋을까?", "아, 목이 없으면 뒤돌아보기가 힘들지 않을까?"라고 말해주자. 그러면 아이는 실제 대상과 무엇이 다른지 스스로 생각하며 관찰하게 된다. 먼저 인체의 원리를 쉽게 이해할 수 있게 해주고 표현할 것인지 아닌지는 스스로 선택하게 하는 것이다.

그러면 다음에는 귀와 목을 잊지 않고 그리게 된다. 실제로 상담을 청했던 학부모들에게 위와 같이 조언한 적이 있다. 이후 그 조언대로 실천해본 분들은 아이가 스스로 그림을 그리기 시작했다고 기뻐하셨다.

창의성을 기르고 싶다면 독창적인 관점을 생각해낸 아이를 더욱 격하게 칭찬하는 것도 좋다. 좋은 그림은 비록 서툰 솜씨여도 아이만의 개성이 담겨 있는 그림이기 때문이다. 가끔은 아이가 "목을 안 그린 건 아래를 보고 있는 거예요"라고 이야기한다면 엄지를 들어 올려 "우와! 너 관찰력이 정말 대단하구나!"라고 말해주자.

그런 시간들이 거듭되면 아이들 스스로 완성한 작은 성취감들이 어느새 그림에도 차곡차곡 쌓인다. 그런 자신감은 집중력을 발휘해 몰입하게 만들고, 진정 좋아하게 되는 원동력이 된다. 좋아하면 잘하게 되는 것이다. 부모라면 조급해하지 않고 기다릴 수 있는 마음의 여유를 가지자. 자녀 교육은 결과물에 곧바로 일희일비하지 않고 길게 봐야 한다.

아이의 그림 이야기를 경청하라

아이가 어디에서나 자신 있게 생각을 표현하길 원한다면, 태어나서 첫 번째 관객인 부모가 먼저 아이의 이야기에 귀를 기울여야 한다. 이때 아이들에게 완성된 작품으로 스토리를 발표하는 시간을 주면 좋다. 최대한 가정에서 무대가 될 만한 거실 중앙에 공간을 만들어 발표하게 한다. 이때 아이가 쑥스러워하거나 몸을 꼬거나 기대려고 한다면 바른 자세로 서서 말하게 지도한다. 자세가 바르면 목소리도 좀 더 크고 자신 있게 나온다.

발표가 익숙하지 않은 아이들은 발표 초기에는 간단하게 이야기를 하고 더 이상 어떻게 이야기를 펼칠지 몰라 한다. 그럴 때는 부모가 아이의 작품을 자세히 살피고, 되도록 세세한 질문을 하는 게 좋다.

소상공인방송에서 제작한 프로그램 〈성공 스토리 지금까지〉에서 강연할 때의 이야기다. 미술교육 사업과 관련된 강연을 하게 됐는데, 내 경험을 바탕으로 강의를 준비했기 때문에 어렵지 않게 할 수 있을 거라 생각했다. 그런데 중간쯤 되자 너무 긴장한 나머지 갑자기 머릿속이 하얗게 되면서 준비한 멘트가 전혀 생각나지 않았다. 그때 앞에 앉은 방청객 한 분이 유독 온화한 미소로 시종일관 내 말 한 마디 한 마디에 고개를 끄덕여줬는데, 그 모습에 요동치던 마음이 비로소 편안해졌다. 덕분에 마음을 추스르고 평정심을 가질 수 있었고, 그 한 분의 공감하는 긍정적 미소 덕분에 강의를 무사히 끝낼 수 있었다. 누군가 내 이야기에 귀 기울여주고 있다고 생각하니, 잘해야겠다는 마음이 생기며 더욱 집중하게 되는 경험을 한 것이다.

우리 아이들도 다르지 않다. 내 아이의 무대에서는 방청객인 부모의 역할이 가장 중요하다. 비록 서툴게 이야기하거나 느리게 말해도 온화한 미소를 보여주면 아이들은 편안하게 말을 이어갈 수 있다. 아이의 이야기에 찬찬히 귀를 기울여 그림 속 이야기를 듣고, 칭찬하고 격려해준다. 부모가 끝까지 내 이야기를 들어주면 아이는 존중받는 느낌을 받게 된다. 그리고 이런 경험이 반복되면 자존감이 높은 아이로 성장하게 된다.

비록 단순한 스토리라도 내 아이가 계속 이야기를 할 수 있도록 기다려주자. 그러면 점점 아이는 자신의 작품에 대해 이야기하기를 즐기게 된다. 이야기를 들어주는 역할만 잘 한다면 내 아이의 스피치는 물론 상상력까지 발전시킬 수 있다.

주의할 점은 참견하지 말고, 지적하지 말고, 어떤 표현이든 인정하는 것이다. 아이들은 부모가 건성으로 대답하는지 내 말에 관심을 갖고 대답하는지 귀신같이 알아챈다. 우리 아이의 용기 있는 발표력은 부모의 태도에 달려 있다.

4차 산업혁명 시대가 도래한 요즘은 그 어느 때보다 창의력과 발표력 증진에 대한 학부모의 관심이 크다. 최근 교육과정에서도 창의적이고 논리적으로 자신의 생각을 발표하고 토론하는 수업 활동의 비중이 확대되어 간다. 고입, 대입, 나아가 직장에서의 면접에서도 마찬가지다. 자신의 생각을 조리 있게 설명하고 전달하는 발표력이 당락을 좌우할 정도로 중요한 시대가 되었다. 지금 바로, 단 10분만 시간을 내어 아이의 말을 귀 기울여 들어주자.

나는 어떤 엄마?

"아우, 제발 이젠 안 갖고 오면 좋겠어! 어디 둘 데도 없고, 정말 처치

곤란이야!”

아이가 어린이집에서 유치원을 다니는 엄마라면 한 번쯤은 했을 고민들이다. 심지어 제자리를 찾지 못하고 이리저리 발에 치이는 ‘작품’을 아이에게 직접 쓰레기통에 버리라고 한 적도 있다고 한다. 이때 부모는 무심코 아이들의 자존감과 잠재력을 작품과 함께 쓰레기통에 버렸을지도 모른다. 아이의 작품을 소중히 보관하는 것이 중요하다는 것은 물론 알고 있지만, 계속 쌓여가는 작품에 무감해진 것도 이유일 것이다.

시대를 막론하고 아이들의 작품은 부모의 무심한 행동으로 쓰레기로 분류될 수도 있지만, 아이의 영재성을 발견할 모티브가 될 수도 있다. 나도 내 아이가 유치원에서 꼬깃꼬깃한 이면지에 그려온 그림을 잘 보이는 곳에 전시해둔다. 아무리 소소한 것이라도 칭찬과 함께 전시하면 아이가 매우 뿌듯해하는 것이 표정에서부터 느껴진다. 아이는 자신감과 성취감으로 적극적인 동기가 생기게 된다. 스스로 무엇인가에 몰입하는 순간 더 많은 숨겨진 잠재력이 발견되기 시작한다. 부모는 그저 칭찬하고 기뻐하는 표정을 보여주면 충분하다. 다만 혹시 작품이 성에 차지 않는다 해도 아이 앞에서는 절대 지적하지 말아야 한다. 또 아이의 작품을 혹시 무심코 버렸다면 자책하지 말고 지금부터는 한쪽 벽에 작은 전시공간을 마련해주자. 그리고 나중에 다른 작품이 그 자리를 차지했을 때 아이가 모르게 정리하면 된다.

19세기 독일의 천재 학자 칼 비테 주니어의 아버지는 아이가 몇 살 이든 상관없이 하나의 인격체로서 존중해야 한다고 했다. 그는

“어떤 부모는 방 청소를 한다는 이유로 아이들이 천 조각과 종이상자로 만든 성과 궁전을 말도 없이 허물어버린다. 이것은 아이들의 정신세계를 짓밟고 장차 시인, 발명가가 될 수 있는 가능성을 떨어뜨리는 행위이므로 부모들은 이 같은 경솔한 행동으로 영재가 될 재목을 망가뜨리지 않도록 주의해야 한다”고 했다.

칼 비테 주니어는 미숙아에 저능아 판정을 받았다. 그러나 그의 아버지는 자신만의 교육 철학으로 아들을 열여섯 살에 법학 대학교수로 키워냈다. 그는 어린 시절을 회상하며 자신이 행복한 공부를 했다고 한다. 스스로 선택해서 스트레스 없이 지식을 쌓아가는 즐거움을 알았던 것이다. 아들에 대한 믿음과 자신감이 칼 비테 교육의 핵심이며, 즐거운 공부를 할 수 있게 한 이유다.

21세기를 맞은 우리에게도 변하지 않아야 하는 것은 ‘내 아이는 할 수 있다’는 믿음이다. 부모인 우리가 최선을 다해 교육한다면 내 아이도 분명 잠재력을 발휘할 수 있다는 믿음을 가져야 한다. 그것이 교육의 신념이 되고 흔들리지 않는 길을 가게 한다.

성공하는 사람들은 하나같이 성공에 대한 무조건적 믿음과 자기 확신을 가지고 있었다. 실패한다 해도 그것은 과정일 뿐이고, 포기하지 않으면 반드시 성공할 것이라는 믿음으로 끝내 성공을 이루어냈다. 우리가 내 아이를 존중하고 내재된 잠재력을 끌어내주는 교육으로 아이에게 생각의 힘을 키워준다면, 아이는 두려움이 아닌 설레는 기대감으로 미래를 맞이할 수 있을 것이다.

칭찬도 테크닉이 필요하다

칭찬은 교육의 처음이자 끝

교육 현장에 있으면서 가장 분명하게 말할 수 있는 한 가지는 '칭찬'이야말로 아이들에게 자신감을 주는 첫걸음이라는 것이다. 성인들도 모두가 인정과 공감을 갈망한다. 실수를 해도, 목표를 달성하지 못해도 누군가 그동안의 노력에 대해 알아주길 바라고, 비난 대신 응원과 믿음으로 기다려주길 바란다. 이런 바램은 사람의 기본 욕구이기 때문이다. 이를 이해한다면 칭찬이야말로 양육의 처음이자 끝이라고 해도 과언이 아니라는 것을 알 수 있을 것이다.

칭찬은 잘했을 때 해주는 것이 아니다. 칭찬을 받아야만 더 잘할 수 있다. 그러므로 완벽하지 않아도 칭찬을 아끼지 말고, 바른 교육을 위해 칭찬을 도구로 활용하면 좋다. 다만 어떻게 칭찬하느냐에 따라 그 효과는 달라지므로, 칭찬의 테크닉이 필요하다.

자신감 없고 미운 아이에게 가장 좋은 약은 칭찬이다

아이는 5세 정도만 되어도 인지력과 사회성이 발달하기 시작한다. 인지 발달이 빠른 아이들일수록 부모나 타인으로부터 인정받고 싶은 욕구가 강한 편이다. 칭찬을 통해 부모가 자신을 인정해준다는 만족감이 아이를 스스로 나아가게 하는 동기가 되고, 실제 능력도 더욱 성장시킨다.

자신감이 없는 아이는 자신의 연령보다 높거나 실기력이 좋은 아이들과 그룹으로 있으면 자신감이 더욱 떨어질 수 있다. 비슷한 연령과 수준의 친구들 사이에서 친구들이 어떨 때 주목받는지를 알게 되면 자신도 주목받기 위해 노력하게 된다.

아이를 양육하다 보면 유독 부모를 힘들게 하는 아이가 있기 마련이다. 미운 행동으로라도 관심을 받고 싶은 아이의 욕구불만에서 비롯된 일인 경우가 많다. 아이가 미운 짓을 할 때는 일부러 무심하게 대하는 듯하다가 칭찬할 일이 조금이라도 생기면 그 순간을 놓치지 말고 듬뿍 칭찬하는 것이 좋다. 이것이 반복되면 아이의 행동을 교정하는 데 도움이 된다. 아이는 칭찬으로 관심을 받을 수 있게 되므로 자신도 모르게 차츰 행동이 변화한다.

효과적인 칭찬 노하우

다음은 효과적인 미술교육의 칭찬 방법을 네 가지로 요약해 정리한 것이다.

테크닉적인 부분이 아닌 남과 다른 독창성을 칭찬한다

잘 그리고 못 그리고에 초점을 두고 칭찬하면 아이는 더 잘 그려야 한다는 부담감으로 기교적인 것에만 매몰되기 쉽다. 부담감은 심리적 압박으로 작용해 스트레스가 되고, 그림 그리는 것이 더 이상 즐겁지 않은 부작용도 발생한다. 따라서 잘 그렸다고 결과를 칭찬하는 것이 아니라, "우와, 어떻게 이런 생각을 했어? 바람에 머리카락이 날리는 모습을 마치 움직이는 것처럼 재미있게 생각해서 그렸구나"와 같이 남과 다른 표현에 대해서 칭찬한다. 이렇게 남과 다른 독창적 스토리를 칭찬하면 더 독창적으로 생각하게 하는 동기부여가 된다.

작품에 대해 구체적으로 칭찬한다

'좋네', '잘했어', '훌륭해'와 같이 두루뭉술한 칭찬은 근거 없는 자신감만 키우며, 큰 효과를 주지 못한다. 무턱대고 "너무 잘했어"라고 하면 아이들은 마음에 없는 칭찬이라는 것을 금세 눈치 챈다.

간혹 어른의 눈으로는 만족스럽지 못하거나 아이는 열심히 설명하는데 무슨 그림인지 도통 알아볼 수 없는 경우가 있다. 그럴 때 말로는 칭찬을 하면서도 미간은 찡그리는 등 막상 표정에는 당황스럽고 아쉬운 마음이 드러나게 된다. 아이들은 그런 마음을 귀신처럼 알아챈다. 그러므로 아이의 자신감 향상을 위해서는 부모의 표정 관리도 무척 중요하다. 아이들은 언제나 부모의 표정에 민감하게 반응하기 때문이다.

또 칭찬을 할 때는 아이의 말에 귀 기울이며 관심을 갖고 구체적으로 칭찬을 해야 효과가 나타난다. 예를 들면 "바지에 주머니도 그렸네, 정말 관찰을 잘했구나", "사과나무, 포도나무, 우와! 나무마다 열매를 다 다르게 다양하게 그려주었네" 등 그림에 표현된 모습을 구체적으로 칭찬한다. 그러려면 실제로 아이의 작품을 유심히 관찰해야만 하기 때문에, 진심이 느껴질 수밖에 없다.

구체적인 칭찬은 아이가 부모로부터 관심을 받고 있다고 느끼게 하고, 정서적으로 부모와의 애착이 잘 형성되게 하는 긍정적인 효과를 준다.

결과보다는 과정을 칭찬한다

한편 칭찬을 할 때는 결과만 언급하는 것이 아니라 과정에 중심을 두어야 한다. 포기하지 않고 도전한 것, 남다른 생각, 열심히 노력하는 모습을 칭찬하고 격려하는 것이 중요하다.

예를 들어 미술시간에 아이가 색칠을 하기 싫어한다면 "와, 그림을 보니 정말 다양한 생각을 했구나! 재미있는데? 색칠까지 해서 완성하면 벽에 걸어둬야겠다"라고 해보자. 또 생각하는 것을 어려워해 그림에 담긴 자신만의 스토리가 빈약할 경우에는 소소한 부분이라도 "와! 검정색과 빨간색이 강렬하게 잘 어울린다. 색을 어울리게 잘 칠하네", "다음에는 어떤 이야기가 그림에 등장할지 너무 궁금하다"와 같이 구체적으로 칭찬하면서 다음 스토리를 기대하는 질문을 한다.

매일 스케치만 하고 색칠을 하기 싫어하는 아이가 오늘은 엄마와의 약속을 지켜 포기하지 않고 색칠을 끝냈다면 "어려운데 포기하지 않고 끝까지 해냈구나!"라고 결과보다는 과정을 축하해주는 것이 좋다. 결과에 대한 칭찬은 더 잘해야 한다는 불안감 때문에 도전하기를 두려워하게 만들 수 있다. 스스로 노력하는 모습을 보였을 때 그 과정을 칭찬해주면 아이는 진정으로 받아들이고 더 잘하려는 마음을 갖게 된다.

주의할 점은, 어떤 경우든 아이를 비난해서는 안 된다는 것이다. 아이가 스스로 하려고 하는 작은 행동을 잘 살피고, 애정과 관심의 눈길로 지켜보아야만 아이는 건강하고 행복하게 성장할 수 있다.

아이가 해낼 수 있는 난이도의 과제를 주고, 칭찬을 아끼지 않는다

지나치게 어려워서 아이가 해결하거나 완성하기 힘든 과제를 주면, 아이는 힘들 수밖에 없다. 이것이 반복되면 점차 무기력해지고, 모든 것을 포기하게 되기도 한다. 스스로 통제할 수 있는 과제를 주고, 해냈을 때는 그 노력이나 과정에 대해 칭찬한다.

"어려울 거 같은데 끝까지 해냈구나!", "열심히 하는 모습이 대견하구나"와 같이 겉보기에는 아이의 결과물이 미흡하더라도 아이가 잘한 점을 찾아 칭찬을 아끼지 않는다면 아이 스스로 목표를 세우고 그것을 바른 방향으로 실행하는 능력이 향상된다.

발달단계에 따라 지도법이 달라진다

하브루타 미술은 질문과 대화와 소통이다

유대인의 지혜서인 《탈무드》에는 "평생 가르치려면 어릴 때 맘껏 뛰놀게 하라"라는 말이 있다. 이 말처럼 유대인 부모들은 창의력과 직관력을 관장하는 우뇌를 발달시키기 위해 놀이가 호기심을 자극하는 시기인 7세 이전까지는 음악이나 미술 등의 예능교육을 시키고 아이들을 마음껏 놀게 한다. 또 4세 이전에는 수학이나 과학 같은 학습은 시키지 않는다. 음악 교육도 악기를 가르치거나 하는 것이 아니라 음악을 들려주며 자연스레 다양한 음악을 접하게 하고, 미술도 놀이로 접근해 끊임없이 질문하고 대화하면서 가르친다. 이런 시기를 거친 유대인 아이들의 생각하는 힘은 대학이나 대학원에 가서 진가를 발휘한다.

반면 우리나라 아이들은 놀 시간을 빼앗긴 채 어린 시절부터 학습에 매몰되어 허덕이고, 그 결과 대학에 들어갈 때쯤에는 지쳐버린다. 사회인이 되어서는 창의력이 완전히 떨어지는 결과를 맞는 것이다.

많은 뇌 발달 연구자들에 의해 밝혀졌듯이 7세 이전에는 우뇌가 먼저 발달한다. 우뇌는 창의력, 직관력, 감각적 능력을 담당하고 좌뇌는 분석력, 수리력, 판단력 등 이성적인 능력을 담당한다. 좌뇌가 발달하지 않은 7세 이전에는 아무리 학습을 시켜도 성과를 얻기 힘들기에, 밑 빠진 독에 물 붓기나 다름없다. 오히려 과도한 학습으로 의욕 상실을 가져와, 독이 깨져버리는 돌이킬 수 없는 부작용을 겪을 수도 있다. 그러므로 내 아이가 글로벌 리더로 성장하길 바란다면 7세 이전에는 우뇌에 집중하자. 이 시기는 다시 돌아오지 않는다.

내가 처음 아이들에게 미술을 지도할 때는 아이마다 다른 발달단계 때문에 적지 않은 시행착오를 겪어야 했다. 5세부터 초등부 각 학년의 아이들이 한 공간에서 수업을 진행하다 보니, 아이마다 이해하는 언어와 도구 사용능력이 현저히 달라 동선도 어수선하고, 작품의 결과물도 늘 아쉬웠다.

모든 교육에는 아동의 발달단계에 맞는 지도법이 각기 다르게 적용되어야 한다. 미술교육도 마찬가지다. 아동의 미술교육을 담당하는 교사나 가정에서 직접 아이를 가르치고 싶은 부모라면 아이의 발달단계를 이해하고 수준에 맞는 언어와 주제로 진행해야 한다.

4세 이전의 미술교육

일반적으로 태어나서 4세 이전까지는 무의식에서 의식적 접근이 형성되는 시기다. 어른의 시각에서는 알아보기 힘든 그림을 그리지만, 이름을 붙여주며 자신이 표현한 것을 인지하게 된다. 손과 눈의 협응이 시작되기도 하는 이 시기에는 아직 손의 힘이 약하고 집중력도 짧은 것이 특징이다. 소근육의 발달이 미흡하고 필력이 약해, 그림을 그리면 대개 낙서 수준의 부분적 묘사로 표현된다.

이 시기 아동의 그림에서 보이는 공통점은 태어나서 가장 자주 보는 사람인 주양육자, 주로 엄마나 할머니를 동그라미로 표현하며 이름을 붙여주는 것이다. 좀 더 나아가면 동일한 동그라미를 나열하고 자기가 좋아하는 장난감이라고 하기도 한다. 이때는 아이가 자신만의 생각을 하게 되는 첫 번째 시기다. 이때를 잘 포착해 호기심과 관심을 보이며 칭찬해주어야 한다. "이건 무엇일까?"라는 질문을 하고 이야기를 만들어서 "누구와 함께 있을까?", "어디에 있을까?"와 같이 꼬리에 꼬리를 무는 질문을 한다면, 아직 정확히 대답하지는 못하더라도 낙서 형식의 끄적거리기를 통해 의미 있는 자신만의 생각을 하게 된다. 아이의 행위는 의미가 있는 행위이지만 이 시기의 아동은 기억력과 집중력이 짧아서 같은 그림을 두고도 자신의 이야기를 처음 의도와 다르게 변형하기도 한다.

4세 이전에는 오감을 통해 두뇌가 발달되는 시기다. 엄마와 함께하는 오감 미술 놀이는 아이의 정서적 안정감과 애착 형성에 매우 좋은 수업이다. 미술 놀이를 할 때는 촉각, 후각, 청각, 시각, 미각의 오감을 모두 이용해 재료를 탐색하게 한다. 예를 들어 가정에서 엄마와 쿠키를 만들며 밀가루 반죽을 해본다. 백련초 가루로 분홍색 쿠키 반죽을, 초콜릿 가루로 갈색 쿠키 반죽을, 녹차 가루로 녹색 쿠키 반죽을 만들어서 자연이 제공하는 아름다운 색을 익힌다. 형형색색의 밀가루 반죽으로 아빠 얼굴 쿠키를 만들어보면 시각과 촉각은 물론, 소근육 발달에도 도움이 된다. 달팽이나 나비 같은 비교적 쉬운 형태의 조형 놀이로 연계해 재미있는 스토리로 만들면 생각하는 힘이 발달한다.

엄마와 함께 맛보고, 만져보고, 소리를 듣고, 냄새를 맡아보며 익숙한 엄마의 음성으로 대화하고 질문하며 이야기를 주고받는다. 언어가 미숙해 대답을 못 한다 해도 이런 과정에서 아이는 엄마에게 무한한 신뢰감과 애착이 형성된다. 태어나서 4세까지의 4년 동안 형성된 엄마와의 교감은 아이의 인생에 큰 영향을 미치며 인성, 자존감, 실패에 대한 회복력, 성취감에도 기초가 된다.

오감이 발달하는 시기인 4세 이전의 미술 놀이는 감성이 풍부하고 응용력이 뛰어난 아이로 성장하는 밑바탕이 된다. 이 시기 미술을 '놀이'로 표현한 것은 교육적 효과보다는 놀이 개념으로 생활에서 늘 미술과 함께하길 바라기 때문이다.

이때 주의할 점은 아이가 혼자 놀게 내버려두지 말고 눈을 바라보며 함께 대화하고 교감해야 하는 것이다. 예를 들어 퀴즈를 만들어 질문하면서 놀면 더욱 효과적이다. 또한 이제 막 인지력이 발달하기 시작한 아이들은 손과 눈의 협응력이 미숙한 편이다. 따라서 결과물보다는 과정 중심의 교육에 초점을 두고 과정을 칭찬하는 것이 중요하다.

5세 이후의 미술교육

5세부터는 시냅스의 발달이 완성기에 이르는 시기다. 아이의 인지력이 발달하고 자존감과 자아가 형성되는 시기다. 어느 정도 언어 소통도 가능해 아이의 생각을 좀 더 알 수 있게 된다.

이 시기부터는 미술교육을 통해 유아 스스로 만족할 만한 성취감을 느낄 수 있다. 아이에 따라서는 혼자서 결과물을 완성하기도 하며, 자신의 힘으로 완성한 결과물을 칭찬받고 인정받고 싶어 한다. 아직은 구체적인 형태 표현이 자유롭지 않은 시기이므로, 역시 과정에 의미를 두고 스스로 해낸 것을 칭찬해주어야 한다.

4세에서 5세로 이어지는 이 시기는 무엇이든 탐구하려는 호기심이 왕성해진다. 그러므로 다양한 재료를 최대한 많이 경험해보도록 한다. 또한 이 시기에 미술활동을 꾸준히 하면 손의 근육 사용이 뇌를 자극해 뇌 발달에 좋은 영향을 준다. 따라서 손의 소근육이 발달되고 세밀해지도록 다양한 재료로 손을 조작하는 활동을 많이 시킨다. 또 손 조작이 능숙하지 않아도 포기하지 않고 잘 될 때까지 해보게 기다려주고, 성취감을 느껴보게 한다. 작품의 과정을 중시하고 아이 스스로 할 수 있게 기다려준다.

가끔 우리 아이가 어린이집에서 갖고 온 미술 작품을 보면 선생님이 많이 도와주어서, 어디에서 어디까지가 우리 아이의 의지와 힘으로 해낸 것인지 궁금할 때가 있다. 비록 낙서 형태의 알아보기 힘든 그림이라 해도 내 아이가 어떤 것을 힘들어하는지, 무엇을 좋아했는지 엄마로서 궁금해진다.

5세 이후부터는 미술 활동에서 오감 수업인 퍼포먼스 수업에만 치우치면 곤란하다. 미술 활동이 물감을 온몸에 묻히고 던지고 뿌리며 노는 자극적인 것에만 치우치면, 이후에는 차분한 활동을 지루해하거나 그 이상의 자극을 받지 않으면 흥미를 보이지 않거나, 나아가 산만해질 우려도 있다. 때로는 차분히 앉아 이야기를 듣고 자신만의 작품에 집중할 수 있는 시간도 필요하다.

미술 활동 중 가위로 종이 자르기, 종이에 풀 붙이기, 붓으로 물감 묻히고 힘을 주거나 빼거나 조절하기 등은 이 시기에는 아직 쉽지 않은 활동이다. 도구 사용에 능숙해지도록 다양한 영역을 가미하고, 지루하지 않게 스토리가 있는 작품으로 이끄는 것이 같은 시간을 두 배로 효율적으로 활용하는 방법이다. 이는 아이의 두뇌 발달에도 긍정적 영향을 준다.

창의력이 폭발하는 6세

6세는 상상력이 폭발하는 시기다. 이때는 아이다운 재미있는 작품 활동이 왕성해진다. 개인적으로 이 시기가 가장 참신하고 창의적인 작품이 나오는 시기라고 본다. 또한 아이들에게 서서히 친구의 개념이 생기면서 사회성이 발달하는 시기로, 타인에 대해 인지하기 시작한다. 이 시기에 친구들과 함께 협력해 완성하는 협동화 작업을 주로 경험하게 된다면 인성 발달에도 효과적일 것이다.

6세는 창의력, 인지력, 정보력, 다양한 간접경험, 감성교육, 사고력, 사회성, 자존감 향상 등 모든 것을 스펀지처럼 빨아들이는 매우 효과적인 연령이다. 따라서 아이다운 작품이 가장 많이 창작되는 시기다. 자기중심적으로 표현하는 단계인 난화기를 벗어나 구체적 형태가 나오기 시작하고, 주제를 크게 부각시켜서 그리는 특징이 있다. 다양한 주제에 접근하며 어디에서도 본 적 없는 독창적 형태 표현이 발산된다. 또 이 시기에는 손의 조작이 좀 더 세밀해지고 집중력도 길어지며, 눈과 손의 협응력이 좋아 제법 완성도도 높아진다.

인지력과 사회성, 주관적인 시각 관념이 형성되면서 아이는 자신의 그림이 옆집 언니보다 잘 그렸는지 못 그렸는지도 비교하게 된다. 예를 들어 언니가 있는 여자아이들은 눈이 크고 반짝이며 윙크하는 캐릭터 그림을 잘 그린 그림이라고 생각한다. 유치원에서 그렇게 그리는 친구는 인기가 있다. 아이는 그러한 경험을 통해 자기의 표현과 비교하는 시각이 발달하게 된다.

이 시기 아이들은 자기가 아는 것, 좋아하는 것만 그리려고 하는 특징이 있다. 또 유치원이나 가정을 통해 본격적으로 성역할을 구분하기 시작한다. 즉 여자아이들은 공주 그림만 그린다거나 남자아이들은 로봇이나 공룡만을 그리려고 고집한다. 그러나 대부분의 아이들은 새로운 주제로 어떻게 끌어주느냐에 따라 흥미를 갖고 다양한 주제로의 전환이 가능하다.

요즘은 빠르면 7세에도 고정관념이 자리 잡기 시작한다. 그러나 6세 아동들은 한계를 짓지 않아, 상상 이상의 자유분방하고 재미있는 작품들이 많이 창작된다. 점점 이해력도 좋아져서 관찰을 통한 드로잉을 시작하기에도 적합하며, 창의력과 형태 표현력이라는 두 개의 교육목표로 접근하기 적절한 시기다. 아이와 산책을 하며 자연을 관찰하게 하고, 집 안에 있는 사물의 특징들도 관찰하게 하는 것이 좋다.

아이들은 미술 활동을 하면서 '얼마나 크게 그릴까?', '무엇을 더 그릴까?', '무슨 색을 칠할까?' 등 매 순간 어떻게 할까를 생각해야 다음 단계로 진행되고 결과물이 완성되는 경험을 하게 된다. 이런 과정은 아이의 사고력을 매우 조밀하게 체계화시키고, 문제해결 능력을 기르게 된다. 이 시기에 미술교육을 꾸준히 받은 아이들이 창의력과 관찰력에 두각을 나타내는 것을 볼 수 있다. 그러므로 테크닉을 가르치려 하지 말고 아이가 관찰한 것을 자신만의 그림체로 표현하게 내버려두는 것이 좋다.

다시 한번 말하지만 미술에는 정답이 없다. 아이가 표현한 것이 최고라는 것을 늘 인지시켜주어야 한다. 어릴 때부터 모래와 흙 등 자연을 놀이로 접근하고 그 과정에서 생각하는 힘과 문제해결력을 키운다면 가장 좋다.

고정관념이 자리 잡기 시작하는 7세

7세는 창의적인 말랑말랑한 유연한 뇌가 서서히 닫혀져가는 시기다. 인지력이 매우 좋아지며 주위 환경의 영향을 많이 받게 된다. 따라서 학습력에 비례해 자칫 정형화되기 쉽다. 이제는 경험에 의해 그림을 그리며, 하늘과 땅을 나누어 공간개념을 표현한다. 고정관념이 자리 잡기 시작하는 시기여서 창의적 상상을 어려워하기 시작하고, 아는 만큼 표현한다. 또한 좌뇌가 활성화되는 시기여서, 이 시기에 사고력을 높이는 직간접적인 미술교육이 필요하다.

이 시기에는 주변을 인식해 아이 스스로 잘 그리고 못 그리는 기준을 둔다. 손의 조작도 세밀해진다. 그러나 많은 학부모가 미술교육에 있어 적기를 이해하지 못해 부작용을 겪게 된다.

아이의 영어 캠프에서 만난 어느 한국인 엄마는 학부모들 사이에서 '돼지엄마'로 불렸다. 그분은 아이가 중학교 때 해외로 유학을 보내고 자신도 아이와 함께 지내며 유학 사업도 성공적으로 이끌었다. 그런 추진력과 대범한 결단력 때문에 다른 엄마들도 그녀를 따랐고, 그녀에게 교육 정보를 얻기 위해 모두들 적극적이었다.

이 돼지엄마의 아이는 매우 영특하고 학업성적도 우수했다. 중학교에서 전교 회장을 했을 정도로 리더십도 갖춘 아이였다. 그런데 유독 미술만은 성적이 좋지 않았다고 한다. 아이가 워낙 수리나 언어에 뛰어나다 보니 이 엄마는 미술도 또래보다 잘해야 한다고 생각했다. 그래서 미술교육도 남다른 수준으로 교육시켜야 한다고 생각하고, 아이가 일곱 살 때부터 미술학원에서 석고 데생 위주로 미술교육을 시켰다고 했다. 그런데 결론은 아이가 미술에 흥미를 보이지 않았다는 것이다.

안타깝지만, 아이의 발달단계에 맞지 않는 교육이 효과를 볼 리 만무하다. 초등 고학년 정도나 되어야 이해되는, 연필로만 명암을 찾아내는 커리큘럼인 데생을 일곱 살 아이에게 적용한 결과 아이는 지금도 그림이라면 너무도 힘든 것이라는 트라우마가 생겨버린 것이다.

미술로 치유되는 아이들

아이다운 표현을 어른의 시각으로 보고, 간혹 수준이 떨어진다고 생각하는 어른들이 있다. 미대 입시를 치르는 학생은 미대를 갈 수준의 데생 실력을 갖추기 위해서 매일 하루에 4시간 이상씩, 몇 년간의 시간을 투자하고 반복된 연습을 통해 실력을 다진다. 그 결과 눈 감고도 그릴 수 있는 테크닉을 익히게 된다. 미대 입시생들 중에는 시험에 등장하는 석고상을 통째로 외워서 그대로 그리는 웃지 못할 사례도 있다. 그러나 수학 공식 외우듯 그려내는 데생으로 그림 실력을 평가하는 시대는 저물고 있으며, 입시에서도 실기의 비중이 줄거나 아예 없어지고 있는 추세다. 테크닉보다는 독창성과 창의력을 평가하는 비중을 늘리고 있는 것이다.

가장 안타까운 것은 처음에 자신감 없이 그림에 소극적인 아이가 무엇이든 표현할 수 있도록 자신감 넘치는 아이로 바뀐 경우다.

그런 아이가 부모의 욕심과 조급증으로 입시 위주의 전문학원으로 옮긴다. 그러면 발달과정을 고려하지 않고 묘사력만을 강조하게 되고, 아이는 다시 그림에 흥미를 잃게 된다. 그러면 내 아이는 미술에 재능이 없다고 결론을 내리고, 더 이상 미술교육은 시키지 않는 것이다.

종종 우리는 어려운 것이 수준이 높은 것이라고 오해한다. 그러나 아이의 재능을 논하기에 앞서 흥미가 먼저다. 좋아하는 일을 오래 하다 보면 잘하게 된다. 무엇이든 즐거우면 오래하고, 오래하면 잘하게 되는 것이다. 처음엔 좀 서툴더라도 더 집중하고 시간을 할애하면 실력은 자연히 늘게 되어 있다.

9~13세 때는 초등 저학년과 고학년으로 인지력과 지적, 신체적 발달단계가 구분된다. 본격적으로 학습을 하기 시작해 사고와 논리를 많이 활용하는 시기다. 초등 저학년은 세부표현이 발달되고 원경과 근경을 묘사하고 중첩을 표현하며 사물의 옆모습, 뒷모습 등 시점에서 본 공간 감각을 이해하고 표현할 수 있는 시기다. 반면 초등 고학년은 명암과 그림자 사용으로 사실적 표현을 하고 사물의 공간감을 이해하고 입체적인 표현을 할 수 있는 단계다.

이 시기에는 실기력 향상에 목적을 둔다면 전문가의 도움 없이 스스로 독학도 가능하다. 미술적 표현보다 언어가 더 발달하는 시기여서 자신의 생각과 감정을 그림보다 말이나 글로 표현하는 것을 더 편안하게 느낀다. 이때부터 미술에 흥미가 생긴다.

안타깝게도 중고등학교 때가 되면 아이들은 미술 활동을 거의

하지 않는다. 학업에 치여 미술에 할애할 시간도 없거니와 아이들은 시각적 언어보다 말이 더 편한 시기가 된다. 감정이 예민한 사춘기 청소년에게 오히려 드로잉을 통한 감정 컨트롤을 할 수 있는 기회가 주어진다면 정서적 부분에서 매우 이상적인 환경을 제공하는 것이다. 그림을 그리면서 사춘기나 친구관계, 학교에서의 다양한 문제들을 잘 극복할 수 있다. 요즘은 미술활동을 통한 치유의 개념도 부각되고 있으며, 때로는 우리 청소년들에게 학업 스트레스에서 잠시 벗어나게 하는 탈출구가 되기도 한다.

일주일에 하루는 내 아이와 그림을 그려보자. 거창하지 않아도 엄마가 먼저 자리를 마련해 종이와 물병과 물감을 놓아두고 그림을 그려보자. 아이도 머지않아 다시 붓을 잡을 것이다. 그림과 함께 풍요롭고 지혜로운 청소년기를 보낼 수 있도록 해주자.

3장

생각의 힘을 키우는 하브루타 미술 실전법

시야를 넓히는 갤러리 하브루타

최고의 영감은 최고의 예술에서 얻는다

"르네상스와 바로크 거장들의 색과 형태에서 나만의 유형이 시작되었다."

'뚱뚱한 모나리자'로 우리에게 잘 알려진 콜롬비아의 페르난도 보테로가 한 말이다. '남미의 피카소'라 불리기도 하는 그는 유명 명화를 재해석하는 것을 좋아했다. 〈12세의 모나리자〉는 레오나르도 다빈치의 모나리자를 패러디한 작품이다. 원작과 달리 유쾌하고 친근한 모습의 작품들을 통해 그는 거장의 작품에서 영감을 받아 자신만의 장르를 개척한, 현존하는 최고의 거장으로 평가받고 있다. 따뜻하고 부드러운 색감의 조화와 그만의 독특함을 매력으로 지닌 보테로의 작품은 남녀노소 누구나 즐겁게 관람할 수 있으며, 많은 사람들로부터 사랑을 받고 있다.

예술적 재능은 후천적 반복으로 충분히 얻을 수 있는 능력이다.

자신만의 개성적인 예술 세계를 만들기 전까지는 다른 작가들의 작품을 감상하고 흉내도 내보고, 느낌을 공유하며 실력을 키워나가는 방법도 좋다. 누구나 인정하는 최고의 작품은 그 자체만으로 영감을 주기에 충분하다. 특히 유·아동기는 오감이 매우 빠르게 발달하는 시기다. 이 시기에 아이들에게 크레파스를 쥐어주면 다채로운 색감으로 그림을 그리는 것을 볼 수 있다. 그러므로 가능하면 어려서부터 예술 작품을 많이 보여주길 추천한다.

6세 지환이의 엄마는 "얼마 전 아이와 훈데르트바서 전시회에 갔는데, 전시장에 들어서자마자 지환이가 '앗, 바서 아저씨다! 이 그림 미술학원에서 봤어요! 바서 아저씨는 고불고불하게 그림을 그려요'라고 하더라고요. 아이가 어려운 화가 이름을 기억한다는 것도 기특한데, 화가의 특징을 얘기해줘서 놀라웠어요."라며 경험담을 들려주었다. 미술을 전공한 지환이 엄마는 아이를 전시회에 자주 데려가지 못해서 미안했는데, 수업을 통해 아이가 많은 것을 배웠다며 만족스러워했다.

시간적, 지역적인 한계가 있기에 아이와 전시장을 찾는 것은 쉬운 일이 아니다. 그러나 오감이 발달하는 시기에 아이들이 좋은 작품을 많이 보고, 느끼고, 생각할 수 있도록 시간을 내자. 이런 경험이 쌓이면 아이가 어른이 되었을 때 반드시 재능을 발견하게 된다. 그뿐만 아니라 감성이 충만한 어른으로 성장해 풍요로운 삶을 살 수 있다. 밀린 일은 뒤로하고 아이에게 기꺼이 시간을 투자하자. 함께하는 오늘이 아이의 미래를 풍요롭게 할 것이다.

엄마는 큐레이터

지금까지 갤러리에 데려가지 못했다고 해서 너무 자책하지는 말자. 물론 직접 갤러리를 찾아가서 현장에서 작품을 감상하는 감동에는 비할 수 없겠지만, 꼭 현장을 가지 않더라도 부모가 최고의 큐레이터가 되어 가정에서 미술작품을 접하는 방법을 소개하고자 한다.

부모는 아이에게 세계의 유명 화가와 미술 교과서에 수록된 명화에서부터 최근 전시되고 있는 현대 작가의 작품이나, 또는 갤러리에서 테마를 정해서 전시하는 프로젝트까지 다양한 시각자료를 준비해줄 수 있으면 좋다. 다양한 온라인 갤러리를 통해 감상하게 하고, 명화처럼 표현해보며 작가의 예술적 감각에 조금이라도 공감한다면 아이의 미적 감각과 높은 안목을 키워줄 수 있다.

온라인에서 현재 전시 중인 작가의 작품을 감상하고 싶다면 검색창에 '이달의 전시'라는 키워드로 검색을 할 수 있다. 갤러리 홈페이지로 이동하면 전시 일정과 작가의 주요 작품을 아이와 감상할 수 있다. 최근에는 교과서에 수록된 세기의 명화도 디지털 기술의 접목으로 새로운 전시 형태로 재해석되고 있어 또 다른 볼거리를 제공한다. 온라인에서는 개인 블로그나 갤러리 홈페이지에 홍보로 작성된 자료가 많으니 전시 기간이 지나도 주요 작품을 감상하고 전시장 분위기도 살펴볼 수 있다는 장점이 있다. 작가에 대해서 잘 정리된 홍보기사 정도만 엄마가 먼저 읽어보고 아이의 눈높이에 맞게 스토리텔링을 해준다면, 매우 흥미진진한 미술 놀이가 될 수 있다.

교과서의 고전 명화도 좋지만 현재 갤러리에서 운영 중인 전시회를 수업 소재로 연계하는 데에는 특별한 이유가 있다. 어렵거나 지루하게 느껴질 수 있는 예술 감상을 수업 후 전시와 연계하면 더 흥미롭게 접근할 수 있기 때문이다. 부모와 아이가 집에서 먼저 즐거운 미술 놀이와 함께 전시작가의 작품을 접하고 친숙해진 후 갤러리를 방문해서 직접 본다면 아이는 더 많은 것을 눈에 담을 것이다. 아이는 자연스레 미리 체득한 정보를 자랑하고 싶고, 아는 만큼 이야기하게 된다. 이처럼 갤러리 하브루타 미술 수업을 진행하면 아이와의 갤러리 데이트가 더욱 즐겁다.

적용하기

훈데르트바서의 전시작품 감상 후 하브루타

훈데르트바서는 21세기 초에 활동한 오스트리아의 화가이자 건축가며 동시에 환경운동가다. 자연과 인간의 평화로운 공존을 실현하고자 '나선' 형태를 두드러지게 나타내는 훈데르트바서의 작품을 감상 후 화가의 특징을 살려 갤러리 하브루타를 해보는 시간이었다.

작품을 창작하는 과정에서 버려진 종이, 천 조각, 나무판을 주워 작업하거나, 직접 물감을 만들어 전통적인 색의 조합에서 벗어나 자유롭고 대담한 컬러를 사용해 자연적이고 비정형적인 예술 작품을 만들 수 있다. 이를 통해 아이들은 정형화된 기존의 고정관념을 깨고 사고의 확장을 배운다. 작가의 그림의 특징인 나선형의 다양한 건축물과 자연물을 그려준 후 빨강, 노랑, 파랑 삼원색을 혼합해 여

그림 3-1 〈The 30 days fax painting〉, 프리덴슈라이히 훈데르트바서, 1994

출처: 오늘의 한국

러 컬러를 직접 만들어 사용하니 예술적 감각뿐 아니라 더욱 성취감을 느끼게 된다.

1단계: 작품 내용 감상하기(LO)

부모가 미리 관련 자료를 수집해 전시회의 특징과 작품 감상의 관점을 이야기한다.

- 작가의 작품을 본 적 있나요?
- 작가는 무슨 색을 사용했나요?
- 작가는 무엇을 표현했나요?
- 작가가 가장 많이 쓴 도형은 무엇인가요?

2단계: 관찰 질문을 통해 생각하기(MO)

• 작품을 보면 어떤 감정이 느껴지나요?
• 자연을 사랑하는 작가의 의도가 느껴지나요?
• 작가의 작품이 유명해진 것은 무엇 때문일까요?

3단계: 확장 질문을 통해 독창적 작품 구상하기(HO)

• 작가의 작품을 그대로 표현할 건가요? 다르게 할 건가요?
• 어떤 색을 사용할 건가요?
• 나만의 독창적인 표현은 무엇인가요? 그것이 가능하려면 어떻게 해야 할까요?
• 내 작품의 제목을 무엇으로 할까요?
• 작가의 작품과 내 작품의 다른 점과 비슷한 점은 무엇인가요?

4단계: 나만의 창작 활동 그리기와 조형작품으로 표현하기

질문으로 다듬어진 나만의 생각을 정리해 작품 활동으로 연계한다.

• 준비물: 4절 이상 도화지, 크레파스, 물감
• 활동

1. 작가의 특징을 관찰한 후 크레파스로 나만의 스케치로 그려본다.

2. 물감으로 채색한다.

3. 작품을 감상하고 그림의 내용에 대해 이야기를 나눈다.

적용
하기

슈가플래닛 전시회를 응용한 갤러리 하브루타

2018년 여름 서울숲에 위치한 갤러리아포레에서 설탕을 소재로 열렸던 '슈가플래닛'이라는 전시를 미술 수업으로 응용한 사례다. 전시는 설탕의 달콤함을 떠올리는 영상과 빛으로 설탕 언덕, 달콤한 느낌의 회화 그림, 초대형 각설탕 등으로 각각의 테마 룸을 구성했다.

하브루타 미술 수업에서는 전시장 테마 룸에 없는 독창적인 것은 무엇이 있을지, 아이들이 수업 내내 달콤함에 푹 빠져서 전시장의 느낌을 최대한 느끼며 행복해하고 쉽게 조형 활동을 할 수 있는 방법이 무엇인지 고민해야 했다. 더 욕심을 내어 어디에서도 체험해볼 수 없는 기발한 미술로 연계시켜보고 싶었다. 아이들은 설탕을 주제로 했던 미술 수업을 떠올리며 체험을 하고 방문해서인지 더 관심을 갖고 집중했으며 흥미도도 높아졌다.

1단계: 전시 자료 감상하고 오감으로 탐색하기(LO)

설탕을 주제로 한 전시라는 것을 이해할 수 있도록 쉬운 이야기로 감상한다. 마시멜로를 마음껏 만져보며 향기를 맡도 손으로 눌러 보고 맛과 색을 찾아본다.

- 설탕의 맛은 어떤가요?
- 설탕으로 만들 수 있는 것은 무엇일까요?
- 작가의 작품은 무슨 맛이 날까요?
- 달콤한 맛에는 무엇이 있을까요?
- 그림에도 맛이 느껴지나요?
- 마시멜로는 어떤 모양이 있나요?

- 마시멜로 향기는 어떤가요?
- 마시멜로 만졌을 때 느낌은 어떤가요?

2단계: 질문을 통해 생각하기(MO)

하브루타 질문으로 아이만의 창의적 활동을 연계한다. 마카롱, 사탕, 젤리 등을 파스텔 물감으로 달콤함을 표현해보고 마시멜로와 스파게티 면을 연결해 '마시멜로 놀이동산', '마시멜로 행성' 등을 만들어 조형 작업을 해볼 수 있다.

- 달달한 맛을 가진 것에는 어떤 것들이 있을까요?
- 마시멜로와 스파게티로 무엇을 만들 수 있을까요?
- 스파게티를 어떻게 마시멜로와 연결할까요?
- 마시멜로 마을을 만든다면 어떻게 만들고 싶나요?

3단계: 나만의 창작 활동 그리기와 조형작품으로 표현하기(HO)

앞 단계 질문으로 다듬어진 나만의 생각을 정리해 작품 활동으로 연계한다.

- 마시멜로로 어떤 모양을 만들 것인가요?
- 행성을 만든다면 무엇이 좋을까요?
- 한 번도 본 적 없는 상상 속 행성을 만들 것인가요?
- 우리 동네의 익숙한 모습으로 표현할 것인가요?
- 나만의 독창적인 표현은 무엇인가요? 그것이 가능하려면 어떻게 해야 할까요?
- 작품의 제목을 무엇으로 할까요?

4단계: 창작 활동 - 슈가마을 만들기

- 준비물: 마시멜로, 파스타면, 물감, 도화지, 우드락 판

• 활동

1. 달콤함을 소재로 연상되는 나만의 것을 그려준다. 상상을 통해 달콤한 색을 조제해보며 색의 변화를 관찰한다.

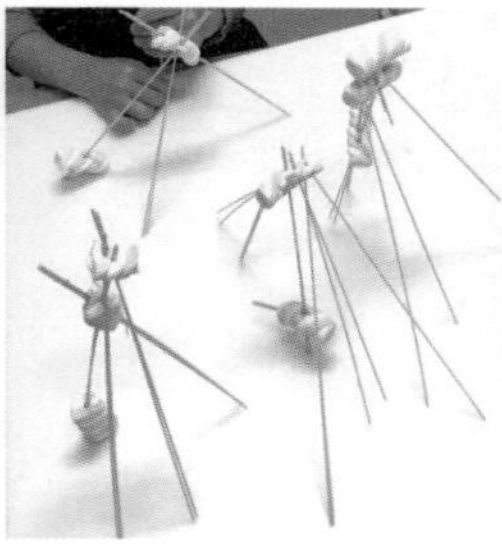

2. 마시멜로를 자르고 붙이고 다른 재료를 응용해 완전히 새로운 마을을 꾸미는 데 무엇이 필요한지 생각한다.

3. 마시멜로를 자르고 붙이고 다른 재료를 응용해 완전히 새로운 마을을 꾸미는 데 무엇이 필요한지 생각한다.

적용 하기

김환기 화백의 점묘화법 감상 후 하브루타

20세기를 대표하는 한국 추상미술의 대가인 고 김환기 화백의 점묘화를 감상한 후 진행해보는 수업이다. 서울 부암동에 김환기 화백의 기념 미술관인 '환기미술관'이 있다. 일반 전시회처럼 작품을 관람할 수 있는 기간이 정해져 있지 않아 언제든 아이들과 직접 작품을 감상하러 갈 수 있다. 아이들은 작가의 대표 작품인 〈우주(Universe 5-IV-71 #200)〉를 관찰한 후 점묘화법을 체험하고 자신만의 점묘화를 표현해 보았다.

1단계: 작가의 작품 내용 감상하기(LO)

- 점으로도 그림을 그릴 수 있을까요?
- 이 작품은 무엇으로 그림을 그렸을까요?
- 어떤 도구로 점을 찍을 수 있을까요?
- 작가는 무엇을 그린 것일까요?

2단계: 관찰 질문을 통해 생각하기(MO)

- 이 작품을 보면 무엇이 느껴지나요?
- 이 작품이 유명한 이유는 무엇일까요?
- 이 작품은 다른 작가들의 작품과 어떤 점이 다른가요?

3단계: 확장 질문을 통한 창작 활동 질문(HO)

- 내가 작가라면 어떤 형태로 그리고 싶나요?
- 어떤 색을 쓰고 싶나요?
- 스케치는 필요한가요?
- 점 외에 다른 형태는 무엇이 있을까요?
- 그림을 완성한 다음 느껴지는 것은 무엇인가요?
- 그림의 제목은 무엇인가요?

4단계: 창작 활동으로 표현하기

- 준비물: 전지, 면봉, 다양한 굵기의 백업(말랑말랑한 막대기 모양의 플라스틱 스펀지), 물감(다양한 색깔)

• 활동

1. 물감의 색을 선택하고 자신의 그림에 맞는 점의 크기를 선택해 그린다.

2. 멀리서 완성작 전체를 감상하고 어울리는 제목을 붙여준다. 그림에서 느껴지는 감정과 느낌을 나눠본다.

적용 하기

토드 셀비 전시회 감상 후 하브루타

전 세계 예술가들의 일상과 그의 집, 상상의 공간을 독창적으로 전시하는 미국의 포토그래퍼이자 일러스트레이터 토드 셀비의 작품을 감상하고 작가처럼 상상하고 표현해보는 수업이다. 토드 셀비가 여행 중 꾸었던 정글에 관한 꿈과 기억으로 꾸민 공간을 감상 후 재현해 보았다. 아이들이 상상해본 정글 속의 다양한 야생동물, 풀, 나무를 그리고 만들어 자신의 작품을 2차원을 3차원으로 표현하며 설치미술을 경험해 본다. 아이들이 설치한 작품을 통해 정글 속 분위기를 간접적으로 경험해보고 예술적 영감 또한 받을 수 있어 유익했다.

그림 3-2 토드 셀비 전시회 모습 출처: 뉴시스

1단계: 작품 관찰 감상질문(LO)

- 작가는 무엇을 표현한 것일까요?
- 정글에 어떤 동물들이 있나요?
- 정글의 사진과 작가의 정글은 어떻게 다른가요?
- 동물들은 정글 속에서 무엇을 하고 있는 것 같나요?

2단계: 관찰 질문을 통해 생각하기(MO)

- 작품을 보면 어떤 기분이 드나요?
- 작가는 왜 정글을 표현했을까요?
- 작가의 작품이 유명해진 것은 무엇 때문일까요?
- 내가 알고 있는 정글의 모습은 어떤가요?
- 상상 속 정글의 동물에는 무엇이 있을까요?

3단계: 확장 질문(HO)

2단계의 질문을 정리해서 좀 더 구체적으로 세밀하게 생각하고 작품을 구성한다.

- 작가와 다르게 어떻게 표현하고 싶은가요?
- 나만의 독창적인 스타일로 어떻게 표현하고 싶나요?

• 색이나 형태는 사실적으로 표현하고 싶나요? 아니면 상상 속 모습으로 표현하고 싶나요?
• 내 작품의 제목과 스토리를 만들어 준다면 어떻게 하고 싶나요?
• 내가 만든 동물은 정글 속에서 무엇을 하고 있을까요?

4단계: 설치미술 창작 활동

3단계에서 정리된 생각을 설치 작품으로 표현한다.

• 준비물: 4절 도화지, 크레파스, 물감, 가위, 풀, 택배 박스, 우드락, 유성펜
• 활동

1. 도화지에 상상 속 정글의 동물을 스케치한 후 다양한 채색 도구로 채색한다.

2. 채색이 끝나면 그림을 가위로 오려둔다.

3. 오려둔 동물을 지지대인 박스나 우드락, 또는 노끈이나 줄을 활용해 공간감이 느껴지도록 설치한다.

4. 완성된 작품을 감상 후 느껴지는 그대로 제목을 붙여주고 자신만의 스토리를 만들어 발표한다.

감각을 살리고 마음을 만지는 감성 하브루타

차이가 다른 쿠킹클래스

'미술 수업인데 웬 요리?' 하고 의아해하는 사람도 있을 것이다. 다음 세대에는 디자인 감각이 성공을 좌우하는 중요한 키워드가 될 것이다. 창의성을 논할 때 디자인 감각을 이야기하는 이유기도 하다. 창의성도 타고나는 감각이 아니라 열심히 노력하면 얻을 수 있는 능력인 것처럼, 디자인 감각 또한 어릴 때부터 키워주면 발전한다.

미술에서 굳이 쿠킹클래스를 기획한 의도는 요리는 오감으로 탐색해 디자인 감각까지 발달시킬 수 있는 강력한 교육 모티브이기 때문이다. 아이가 직접 요리 재료를 탐색하고, 자르고, 비비고, 볶고, 맛을 보는 과정은 오감을 자극하고 집중력을 발휘하기에 매우 좋다. 이외에도 그릇에 예쁘게 음식 담기라든가 요리를 더 나은 용기에 포장하고 꾸미는 것을 배우는 것도 디자인의 과정이다. 아동에게는 어디에서도 경험해보기 쉽지 않은, 라이프스타일을 디자인할 수 있는 예술 활동이 된다. 무엇보다도 아이들이 몰입하는 흔치 않은 시간이 되며, 아이와 함께하는 어른들에게도 행복하고 소중한 시간이다.

나는 아이들과 요리 활동을 하기 전에 항상 지구본을 준비해 둔다. 요리 자체로도 즐겁지만 놀이가 자연스럽게 세계사의 지리 학습으로도 연계되도록 구성했다. 아이들은 어려운 나라의 이름과 지형, 그들의 문화도 자연스레 배우게 된다.

예를 들어 멕시코의 국기를 자세히 보면 안에 선인장과 독수리와 뱀이 있다. 이는 아즈텍 문명의 테노치티틀란 전설에서 유래한 것으로, '독수리가 뱀을 물고 앉아 있는 호숫가의 선인장이 있는 곳에 도시를 세워라'라는 내용을 담아 자신들의 국기에 상징적 의미를 부여한 것이다. 이를 통해 멕시코의 역사적인 의미까지 확장해 정보를 습득하게 된다. 이런 교육을 통해 아이는 평소에 무심코 지나쳤던 부분까지 관찰하게 된다.

매 시간 세계를 종횡무진하고 무엇보다 즐겁게 배우기 때문에 이 수업은 아이들 머릿속에 오랫동안 남는다. 아이는 자연스레 가족과의 여행을 떠올리기도 하고, 즐거운 대화가 이어진다. 행복했던 가족여행을 다시 되새기며 긍정적인 마인드가 쌓인다. 또한 세계 요리를 테마로 세계의 지리를 놀이로 자연스레 받아들이는 놀라운 기회가 된다. 자연스레 몸으로 체득한 글로벌 감각은 하브루타 감성수업만의 장점이다.

엄마와 함께하는 쿠킹클래스

가정에서 아이와 함께 할 수 있는 요리는 무엇이든 가능하다. 나는 늘 아이들에게 "오늘은 어느 나라로 여행할까?", "지난 시간에는 어느 나라로 갔었을까?"하고 지구본을 보며 여행을 떠나보자고 운을 뗀다. 아이들은 저마다 파일럿이 되어 또는 배의 선장이 되어 마음껏 상상력을 펼치게 된다. 이것만으로도 상상력이 풍부한 아이는 하고 싶다는 동기로 충만해진다.

"선생님, 지금까지 우리 아이가 이곳을 7년 넘게 다녔는데 요리 시간에 중복된 레시피가 한 번도 없었네요. 아직도 더 나올 게 있나요? 하하."라며 6살 때부터 3학년 때까지 꾸준히 미술교실에 오고 있는 아이 엄마의 말에 뿌듯했던 기억이 있다.

요리는 조금만 응용해도 새로운 것을 창조해낼 수 있는 장점이 있다. 디저트인 쿠키나 빵에서부터 전채요리까지, 요리의 매개체는 무궁무진하다. 우리가 쉽게 접하는 인도 커리에서부터 크리스마스 때가 되면 유럽의 부쉬 드 노엘까지, 아이들은 세계 요리 여행을 떠난다.

적용하기

부쉬 드 노엘 쿠킹 하브루타

'크리스마스 이브에 굽는 장작'이란 뜻을 가진 부쉬 드 노엘(Buche de Noel)은 유럽 전역에서 크리스마스에 꼭 먹는다는 전통적인 크리스마스 케이크다. 장작을 닮은 모양으로 만들어지는 부쉬 드 노엘은 가

그림 3-3 수업 시간에 만든 부쉬 드 노엘

난한 애인이 난로의 따스한 마음을 전하기 위해 나무토막 케이크를 만들었다는 전설이 전해진다. 크리스마스의 사랑을 전하기 위해 아이들과 예쁘게 만들어보면 좋다.

이 수업을 진행한 후 크리스마스이브였지만 케이크 준비를 못 했는데 덕분에 아이와 파티를 할 수 있게 되었다며 학부모가 기뻐했었다. 아이가 손수 만들어서 그 어떤 케이크보다 의미 있는 시간을 보내게 되었다고 감사를 전해주었다.

쿠킹클래스 하브루타는 기존에 진행한 방법과 조금 다르다. 질문을 먼저 하고 창작 단계를 나중에 하는 것이 아니라, 조리 과정 중에 질문을 진행한다.

1단계

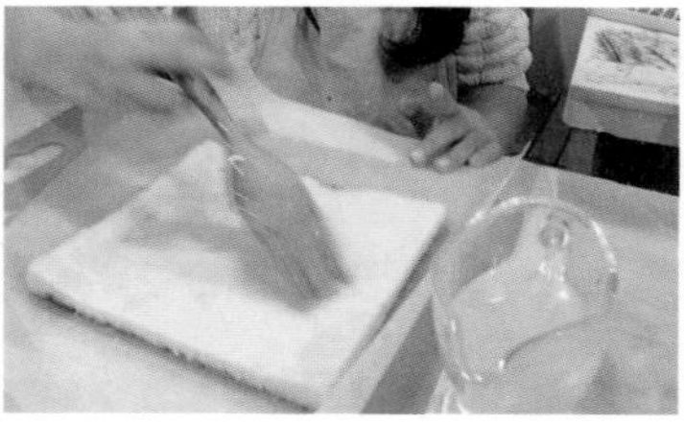

- 왜 시럽을 바를까요?
- 어떻게 하면 시럽을 골고루 잘 바를 수 있을까요?

2단계

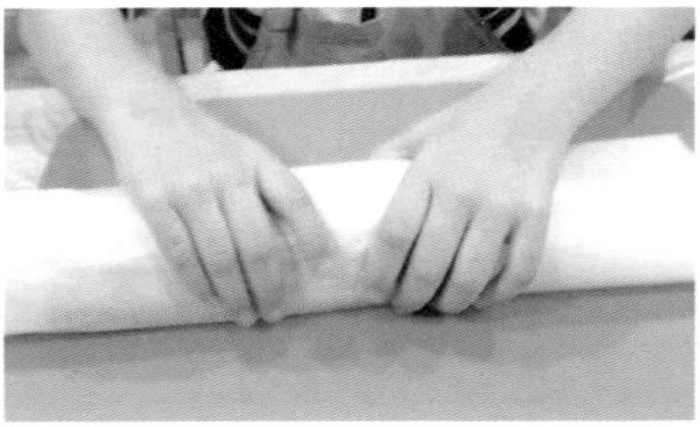

- 통나무 모양이 되려면 어떻게 만들어야 할까요?
- 빵이 잘 말리는 이유는 무엇일까요?

3단계

- 어떻게 하면 생크림을 골고루 바를 수 있을까요?
- 생크림은 어느 정도 바르는 게 좋을까요?
- 무엇으로 모양을 낼 수 있을까요?

4단계

- 통나무 무늬는 어떤 도구로 만들까요?
- 나무 표면은 어떤 색으로 표현할까요?
- 케이크에는 무엇을 장식할까요?
- 케이크로 오늘 무엇을 할까요?

키즈 가드닝

현대에는 크거나 작은 상처로 인해 심리적으로 힘들어하는 이들이 많다. 식물이 자라는 것을 보고 향기를 맡으며 정서적으로 안정감을 찾는 이들이 늘고 있다. 초록 식물은 콘크리트의 삭막한 환경에 노출된 우리의 삶에 일정 부분 안정과 활력을 준다. 원예치료는 스트레스 해소, 우울증 해소에도 도움을 줄 수 있다는 최근의 연구를 통해 21세기에 들어 대체의학의 하나로 자리를 잡았다. 원예요법, 원예치료의 연구와 임상실험이 활발히 진행되고 있고 하나의 전문 직업군으로도 자리 잡아가고 있다. 우리 아이들의 미술 수업에서도 자연물을 많이 접하는 것은 정서적 안정에 매우 유익하다. 감성과 정서발달의 목표를 두고 커리큘럼을 개발해 식물을 활용한 미술수업으로, 아이들뿐 아니라 부모의 만족도도 매우 높았다.

적용 하기

키즈 플라워 하브루타

아이들의 정서와 트렌드를 반영한 유칼립투스 리스 수업을 기획했다. 감성과 생각하는 힘을 동시에 향상시킬 수 있는 플라워 가든 수업도 좋은 수업이다. 건강에 이로운 자연주의 재료를 활용해 가랜드를 만들어서 집을 꾸며본다. 유칼립투스와 편백나무를 활용해 다양한 리스 라인

그림 3-4 수업 시간에 만든 리스

그림 3-5 수업 시간에 만든 리스에 대한 학부모의 반응

을 만들어준 후 점토를 활용해 나만의 숲속 동물 친구들을 만들어볼 수 있다. 마치 작은 숲속인 듯 상상력을 발휘해 개성 있는 스토리도 만들어준다.

편백나무 잎과 유칼립투스는 스트레스 해소와 비염에 치유 효과가 있는 자연 재료들이다. 수업 내내 우리 아이들은 숲속에 온 듯 상쾌한 피톤치드 향기를 맡으며 창의적, 감성적으로 풍부해진다. 이러한 맥락에서 나만의 미니 정원 만들기는 돌과 나뭇가지, 다육식물 등으로 얼마든지 응용 가능하며 아이들과 함께하기 매우 좋다.

수업 후 부모님들은 아이의 작품을 가정에서 전시했더니 아이들이 너무 뿌듯해했다고 한다. "지난주 만들어 온 리스를 집에 걸어두었더니 아이가 어찌나 뿌듯해하는지 몰라요. 주변에서 수업이 너무

알차다고 다들 극찬해주셨어요"라는 메시지도 보내주셨다.

아이가 만든 피톤치드가 풍부한 가랜드를 걸어놓으면 온 집에 신선한 숲속 향기가 느껴진다. 또한 자신의 작품이 집안에 멋지게 걸려 있는 것을 본 아이는 작품에 대해 애착과 성취감이 매우 높아진다.

1단계: 탐색하기(LO)

자연물을 소재로 하는 경우 충분한 탐색을 한다. 향기도 맡아보고 만져보면서 잎의 생김새와 초록색의 미세한 차이도 비교해본다.

- 향기를 맡으면 기분이 어떤가요?
- 잎의 모양은 어떻게 다른가요?
- 잎의 색은 무슨 색인가요?
- 편백나무를 만지면 어떤 느낌인가요?

2단계: 구상해 창작하기(MO)

와이어나 실 종이를 활용해 뼈대를 만들어 리스 모양을 만들어준다. 상상을 통해 점토로 숲속 동물을 만들어 조형 작업을 이어간다.

- 어떤 형태로 나무를 만들까요?
- 어떤 재료를 사용해 만들 수 있을까요?
- 원형의 리스 모양으로 만들려면 어떻게 해야 하나요?
- 점토로 무엇을 만들까요?

3단계: 감상하고 이야기 만들기(HO)

완성된 작품을 감상한다. 작은 숲이라는 상상을 통해 더 많은 이야기를 만들어 낼 수 있다.

- 숲속의 동물 중 나는 누구일까요?
- 동물들은 지금 무엇을 하고 있나요?
- 이 이야기에 나만의 비밀이 있나요?

오감을 자극하는 관찰 하브루타

관찰의 힘

어릴 때부터 미술로 길러진 관찰력을 통해 아이들은 일상에서도 다각도로 사물을 분석하는 능력을 기를 수 있다. 이렇게 길러진 관찰력은 성인이 되어서도 어떤 직업에서든 능력으로 발휘하게 된다.

한 인터넷 기사에 '경력 끝판왕'이라 불리는 사람에 대한 흥미로운 이야기가 실렸다. 그는 네 살 때부터 그림을 그리고 화가를 꿈꾸었지만 미대에 진학한 후 여러 이유로 은행원, 승무원, 변호사를 거쳐 결국 경찰 공무원이 되었다고 한다. 주목할 것은 기사의 인터뷰에서 그가 미술 덕분에 자신의 직업에서 다양하게 역량을 발휘할 수 있었다고 말한 것이다.

그는 사법고시 공부를 할 때도 어릴 때부터 그림을 그렸기 때문에 연상 능력이 뛰어나다고 생각했다. 미술을 전공한 어머니의 영향을 받아 어릴 때부터 미술을 하며 나뭇가지를 치듯 사고를 넓혀나

가는 훈련을 했다. 그렇게 단련된 사고는 변호사를 목표로 어려운 고시 공부를 할 때도 도움이 되었고, 논리 너머의 이야기가 재미있었다고 한다.

미술은 사물을 볼 때 다각도에서 보게 한다. 그는 경찰이 되어서 사건을 수사할 때도 사물을 다각도로 보는 눈이 뛰어나 업무를 더 효율적으로 할 수 있었다. 그는 미술이 인생을 사는 데 있어 다양한 관점으로 창의적으로 업무를 추진하고, 남보다 뛰어난 업무 역량을 발휘하도록 도움을 주었다고 회고했다. 다각도에서 상황을 고려하고, 꼬리에 꼬리를 무는 질문을 하면서 창의력을 통해 분석한 결과 무에서 유를 창조하는 능력이 생겼다는 것이다.

이처럼 창의력은 선천적 능력이 아니라, 어릴 적부터 스트레스 없이 받아들일 수 있는 '미술'을 통해 훈련하면 충분히 얻을 수 있는 능력이다.

세밀한 차이도 발견하는 특별한 하브루타 미술관찰법

하브루타 미술관찰법은 내 아이의 관찰력을 키워서 창조력을 향상시킨다. 자연물이든 사물이든, 실물로 관찰할 수 있는 것이 미술에서 관찰의 소재로는 가장 이상적이다. 오감, 즉 촉각, 후각, 청각, 시각, 미각을 자극할 수 있는 소재라면 스스로 흥미와 집중력을 발휘할 수 있어서 더욱 좋다.

자연은 그 자체로 최고의 배움터다. 도시의 거리는 거대한 빌딩 숲을 이루고 있다. 아이들은 점점 더 자연과 접촉할 기회가 줄어든다. 도시에서 태어나 도시에서만 살아온 아이들은 자연을 가까이하기 힘들다. 곤충은 박물관에서만 보았고, 생선은 토막 난 상태로만 보고 자란 아이들도 많다. 진짜 물고기나 자르지 않은 과일은 모르는 아이도 있다.

조금만 집 밖으로 나와도 나무와 흙의 향기, 바람 소리, 꽃잎이 흔들리는 소리를 만날 수 있다. 그 모양과 색을 관찰해보면 자연이 그 자체로 예술 작품이라는 것을 알 수 있다. 자연은 가장 세련된 조합의 색채를 배우기 좋은 색채 교과서기도 하다.

이름 모를 들꽃은 연한 보라에서 진한 보라색으로 구분되어 피어 있고, 그 옆에 노랗고 하얀 들꽃들이 어우러져 파스텔 톤의 꽃밭을 이루고 있다. 불혹이 지난 나도 산책로에서 마주친 자연에서 새로운 감성을 얻는다. 연한 보라색, 밝은 노란색, 하얀색의 미묘한 차이를 알고 색의 조화로움에 감탄을 한다면 아이의 감수성은 쑥쑥 자랄 것이다.

오감이 찬란하게 발달 중인 아이들은 자연을 직접 오감으로 체험하면 뇌에도 자극이 되고, 풍부한 감성을 기를 수 있다. 요즘처럼 실내에 머무는 일이 많은 아이들은 더욱 그렇다. 어쩌다 숲을 간다면 아이와 솔방울을 관찰하고 개미를 관찰해 새롭게 알게 된 부분이나 재미있는 부분들을 사진으로 찍어두고, 집으로 돌아와서 사진을 보며 질문을 이어가도 좋다. 주워온 솔방울과 나뭇가지로 재구성해 물감으로 완성도를 높이면 성취감과 동기부여에 도움이 된다.

오감과 감정의 좋고 싫음, 단기기억 등의 기능을 담당하는 대뇌 변연계는 태어나서 6세까지 집중적으로 발달한다고 한다. 지능, 사고, 언어를 담당하는 대뇌피질은 7세 이후부터 성숙해진다고 한다. 그러므로 이 시기에 오감이 살아 있는 소재로 관찰 수업을 하면 감정, 정서, 언어가 더욱 발달한다. 오감 중 촉각으로 사물을 직접 만져보며 '부드럽다', '거칠다', '말랑말랑하다', '딱딱하다'라는 표현들의 반복을 통해 유아동의 어휘도 늘릴 수 있다.

또한 생선의 비린내, 다양한 꽃향기, 각종 과일 향들로 냄새를 맡을 수 있도록 가급적 자연물을 미술 소재로 삼으면 후각의 발달에 도움이 많이 된다. 시각으로 무늬와 형체를 관찰하고, 문지르거나 두드리거나 부딪치면서 나는 소리로 청각을 발달시킬 수 있다. 이때 아이들이 좀 더 세심하게 관찰할 수 있는 질문을 통해 디테일하게 볼 수 있는 시각을 길러줄 수 있다.

적용하기

'우럭' 관찰 하브루타

실물 관찰을 통한 드로잉 수업은 실제 대상을 관찰하고 대상에 대해 직접적이고 구체적으로 이해한 것을 바탕으로 표현할 수 있는 시간이다.

우럭 관찰 수업은 먼저 우럭이 매끈한지, 거친지 손으로 눌러보고 지느러미와 아가미, 꼬리는 어떻게 생겼을지 숨어 있는 주름과 가시들을 손으로 잡아 늘려보기도 하면서 촉각과 시각을 통해 우럭의 전체적인 관찰을 이끌어낸다.

아이들은 입술의 모양, 이빨, 비늘 모양과 같은 작은 세밀한 부분들까지 찾아낸다. 우럭을 보고 신기한 듯 "와, 이거 진짜예요?", "만져봐도 되요?", "으악! 무슨 냄새예요?" 등 다양한 반응을 보인다.

이처럼 아이의 자발적인 관찰을 통해 같은 주제에서도 아이들마다 선의 느낌, 강약, 형태의 표현과 색감 등이 모두 다른 표현들이 나올 수 있다.

1단계: 있는 그대로 바라보기

우럭을 보이는 대로 바라보게 한다. 아무런 참견 없이 마음껏 볼 수 있게 여유를 준다. 그래야만 자신이 본 것과 질문을 통해 보지 못했던 것들을 비교하면서 점점 세심하게 관찰력이 발달한다.

2단계: 다양한 각도로 관찰하기

우럭을 다양한 각도로 관찰하게 한다. 아가미도 벌려보고 냄새도 맡아본다. 아가미, 꼬리, 등, 배, 입속의 혀, 지느러미의 모양 등을 세밀하게 관찰한다.

3단계: 질문을 통해 생각하기

아이가 관찰을 할 때도 질문을 계속 한다. 질문을 통해 집중력을 끌어내고 더 깊게 생각하도록 하는 것이다. 보이는 것을 그림으로 옮기는 과정에서 능동적으로 생각하지 않으면 관념적 이미지로 도식화된 표현을 하게 되어 생각이 고정화된다.

- 우럭의 등과 배는 무엇을 중심으로 솟아올랐나요? (형태의 미세한 차이를 관찰하는 시각을 기르는 질문)
- 우럭은 입을 벌리고 있나요?
- 우럭의 둥근 모양의 시작점은 어디인가요? (중심점을 두어 크기와 길이의 차이를 비교하게 하는 질문)
- 우럭의 지느러미 모양을 보면 무엇이 연상되나요? (연상을 통한 형태를 쉽게 이미지화 하는 질문)
- 우럭의 등 무늬는 어떤 모양인가요? (명확하지 않은 형태를 다양한 시각적인 표현을 그림으로 표현할 예시 질문)
- 우럭의 무늬는 일정한 크기인가요?
- 우럭의 옆면에는 무엇이 보이나요? 우럭의 뒤에서 앞의 눈이 보이나요? 정면에서 우럭의 꼬리가 보이나요? (사물을 다양한 관점에서 관찰하게 하는 시각을 길러 큰 그림을 그릴 수 있도록 직관력을 발달시키는 질문)

4단계: 그림으로 표현하기

- 준비물: 4B 연필, 8절 도화지, 파스텔

종이의 방향을 자유롭게 선택하도록 한다. 우럭의 다문 주둥이, 우럭의 벌린 주둥이를 입술과 이빨의 자세한 표현이 되도록 한다. 꼬리지느러미를 벌렸을 때의 형태와 무늬, 비늘의 형태나 무늬를 눈에 보이는 대로 그린다.

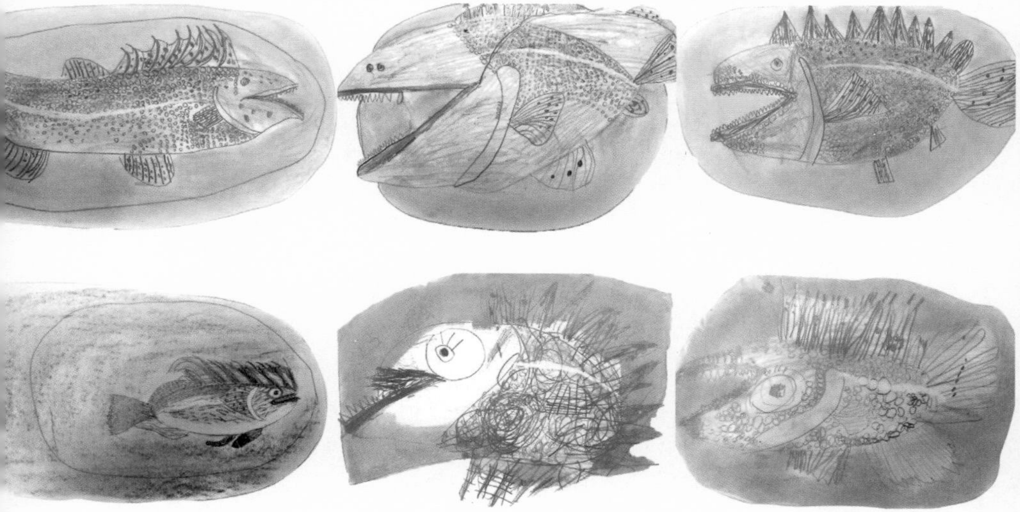

연필의 사용법을 알고 힘을 빼고 연하게 연필 색을 낼지, 힘주어 강한 선을 그려줄지는 연필 사용법을 숙지한 뒤 선택할 수 있다. 아이가 배경 처리를 하고자 한다면 접시, 어항, 식탁 연못 등으로 확장하게 하고 색칠은 파스텔로 은은하게 문지르면 채색이 어려운 아동도 쉽게 표현할 수 있다.

상단에 나오는 작품들은 동일한 주제로 그렸지만 모두 다른 아이들만의 개성이 담긴 우럭 관찰화다. 우럭 주둥이의 다름, 지느러미의 모양의 다름, 지느러미 무늬의 다름, 이빨의 다름, 눈의 다름, 등 무늬의 다름, 배 무늬의 다름, 비닐의 동그라미 크기의 다름, 연필 색의 진하고 흐린 부분의 다름 등 앞에 열거한 모든 부분에서 같은 것이 하나도 없다.

더 재미있는 점은 아이들의 평소 성격이 작품에 드러난다는 것이다. 완벽주의적이고 꼼꼼한 아이, 성격이 급한 아이, 공격적이거나 신경질적인 아이, 자신감 없는 아이, 밝고 명랑한 아이, 부드럽고 차분한 아이 등 아이마다의 선의 느낌이 다르며, 전체적인 작품의 분위기에서 성격을 느낄 수 있다는 점도 내 아이를 알아가는 데 도움이 된다.

적용 하기

사진·영상자료 관찰 후 창의적 스토리텔링 하브루타

직접 관찰 대신 사진이나 영상자료를 살펴본 후 스토리텔링과 복합적

동기부여를 한 미술 활동이다.

《오징어와 검복》은 오징어의 뼈가 왜 하나뿐인지, 검복의 살결이 왜 검은지에 대한 재미있는 상상으로 쓴 북한의 천재 시인 백석의 글과 오치근 작가의 수묵담채화가 잘 어우러진 그림책이다.

《오징어와 검복》, 백석 글, 오치근 그림, 소년한길, 2008

이 수업에서는 작품 안에서 동양화 기법과 소묘법을 기술적으로 익히며 동시에 관찰의 힘을 발휘한다. 아이들은 검복을 자세히 관찰하고, 연필로 세밀하게 형태를 묘사하였다. 손에 힘을 빼며 연필을 고쳐 쥐고 힘의 강약에 따라 다른 색(명암 단계)을 표현해본다. 이 수업이 조금 어려워 보이지만 아이들은 자신들이 화가 같다며 오히려 즐거워했다. 어려운 수업을 잘 마치면 그만큼 더 큰 성취감을 느꼈다.

검은 등 부분과 흰 배 부분, 휘어진 꼬리, 각각의 지느러미 등에 차곡히 쌓은 선들이 풍성한 밀도를 드러내며 아이들 개개인의 특색이 잘 드러난 개성 넘치는 검복이 표현되었다. 분무기를 이용한 번지기의 수채기법을 사용해, 물을 흠뻑 적신 종이에 색을 뿌려 자연스레 번지도록 했다. 멋스러운 바다가 펼쳐지고 그 속에 파묻힌 오징어가 먹물을 뿜어내듯 잘 어우러지게 그리며 수묵담채의 느낌을 수채화로 재현해보았다. 은은하지만 멋진 색감의 바다, 그 속의 오징어와 세밀하게 표현된 검복의 조화로 오치근 작가의 수묵담채화

만큼이나 아이들의 작품도 멋지게 완성되었다.

테크닉 면에서는 이 수업을 통해 검복 소묘법을 알 수 있다. 연필의 끝을 손바닥으로 편하게 잡고 한쪽 방향으로 힘을 빼고 흐리게 힘을 주어 진하게 반복적으로 하는 방법(명암법)을 빈 종이에 연습해 보고 도전해봐도 좋다. 이때 주의할 점은 잘하라고 다그치거나 힘의 강약 조절이 안 되는 아이를 나무라지 않아야 하는 것이다. 그저 경험을 통해 느껴보는 것만으로도 충분하다.

또 연필의 명암으로 검복 입안의 어두운 부분도 관찰해 표현하고 지느러미들에도 더 세세한 단계별 명암을 찾아준다. 밝고 어두운 부분을 찾아가며 겹겹이 색을 넣어준 후 지우개로 밝은 부분을 찾아서 지워주는 표현법도 있다. 지우개로 제일 밝은 부분을 표현해보고 배 밑 부분은 톡톡 치는 방법으로, 8세 이상 아이들은 어렵지 않게 할 수 있다.

1단계: 주제 관찰하기(LO)

실물 관찰이 아닌 검복과 오징어의 영상자료를 보게 한다. 아무런 참견 없이 마음껏 볼 수 있게 여유를 준다. 그래야만 자신이 본 것과 질문을 통해 보지 못했던 것들을 비교해 보게 되고, 점점 세심하게 관찰력이 발달한다.

- 오징어의 생김새는 어떤 모양인가요? 눈은 어디에 있을까요?
- 검복은 배가 왜 볼록할까요? 비닐의 모양은 어떤가요?
- 오징어가 먹물을 뿌릴 때는 언제인가요?
- 검복의 다양한 동작과 옆모습, 정면, 뒷모습을 보면 무엇이 다른가요?

2단계: 스토리텔링 그림책 읽어주고 내용 확인하기(MO)

- 오징어는 왜 검복에게 먹물을 쏘았을까요?
- 오징어가 주인공인가요? 검복이 주인공인가요?
- 오징어는 왜 뼈가 없을까요?
- 검복의 비닐은 왜 검을까요?

3단계: 질문을 통해 생각하기(HO)

창작 표현을 위한 하브루타 질문이다.

- 오징어와 검복의 기분은 어떤 기분일까요?
- 검복은 오징어와 무엇을 하고 있을까요?
- 오징어는 어떤 표정일까요?
- 내가 작가라면 어떻게 할까요?
- 오징어와 검복이 싸우지 않는다면 다르게 표현할 방법은 없을까요?

4단계: 그림으로 표현하기

- 준비물: 도화지 2장, 연필, 지우개, 물감 분무기, 먹물 또는 검은 물감(화지에 물을 뿌렸을 때 선명하게 번지는 농도로 조절된 물감)

1. 영상 자료를 준비해 검복, 오징어, 바닷속 풍경을 관찰한다.
2. 연필로 검복의 정면, 측면, 반 측면 등 다양한 시점에서 소묘한다.
3. 정형화된 오징어가 아닌 자료를 통해 펄럭이는 귀와 구불구불 몸통, 얼굴 양 옆의 눈 등 자세히 관찰한 뒤 표현한다.
4. 오징어의 위치를 정하면서 스토리를 만들어 구도를 정한다.
5. 먹물 표현으로 검은색 분무기를 뿌리고 물과 물감의 번지기 효과로 바다 표현을 한다.
6. 소묘해둔 검복을 오려서 스토리에 따른 위치를 정해 완성한다.

다음 그림들은 하브루타 수업 후 아이들이 자신만의 스타일로 완성한 작품들이다.

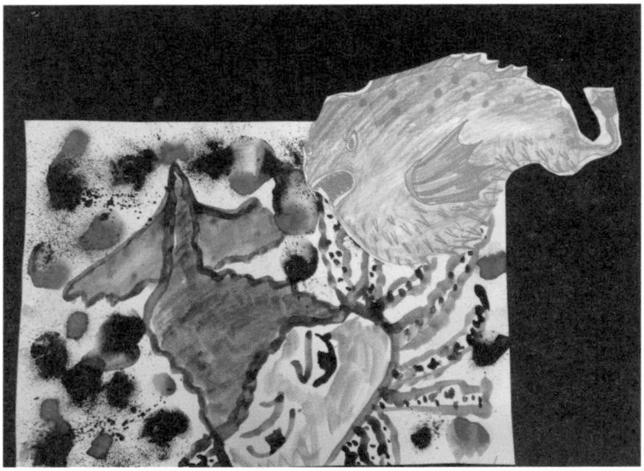

그림 3-6

그림 3-6은 화가 나서 가시를 잔뜩 곤두세운 검복의 모습을 특징을 살려 잘 표현했다. 커다란 오징어와 맞서 싸우는 검복의 모습에서 팽팽한 긴장감이 느껴진다.

그림 3-7

그림 3-7은 정면을 매섭게 바라보는 검복의 모습을 잘 관찰한 후 검복 앞에 커다랗고 웅장하게 자리한 오징어와의 대립관계를 표현했다. 물감의 번짐 효과로 인해 색이 혼합되며 더욱 생동감 있게 완성됐다.

그림 3-8

그림 3-8은 오징어와 검복을 자세히 관찰한 뒤 진지하게 고민하고 표현했다. 검복의 등 무늬와 가시를 규칙적으로 하나하나 그려주어, 섬세하고 부드러운 선과 명암단계가 풍부하도록 표현했다.

타인을 배려하는
인성 하브루타

어떤 일을 하든 미래의 우리 아이들에게는 타인의 마음에 공감하는 능력이 있어야 한다. 공감과 배려는 상대에 대한 긍정적 관심에서 시작된다. 이 장에서는 사람을 따뜻하게 바라보고자 하는 마음을 키우는 인성교육이 가능한 하브루타 미술에 대해 소개하고자 한다.

나눔의 기쁨

김나은 작가의 그림책 《꽉》(씨드북, 2019)은 심술쟁이 짓궂은 오리가 나눔의 기쁨을 알게 되며 나눌수록 기쁨도 배가 된다는 것을 깨닫게 되는 책이다. 신비한 알을 낳는 오리와 동물 친구들의 흥미진진한 이야기를 알록달록 예쁜 그림책으로 함께 만나볼 수 있으며, 나눔은 거창한 것이 아니라 먼저 다가가 손을 내미는 마음에서 시작된다는 것을 알게 해준다. 작가는 자신의 책 소개란에 "꽉의 알록달록 알들도 민들레 홀씨처럼 퍼져나가 아이들의 세상을 따뜻한 사랑으로 반짝여주길 바라봅니다"라는 메시지를 전하고 있다.

오리만의 특징이 많지는 않지만 아이들이 오리의 형태를 관찰해 보고 스스로 찾은 특징들이 서로 달라 재미있게 표현된다. 오리가 가장 아끼던 신비한 알의 모습은 종이와 물감 시트지 등 다양한 재료로 표현한다. 아이들은 밝고 화려한 분위기의 작품 활동으로 즐겁고 흥미롭게 미세한 소근육 자극을 느껴볼 수 있었다. 아이들이 상상하는 오리의 모습, 오리마을, 오리가 사는 세상 모두 다 독창적이고 매력적이다.

그림 3-9

그림 3-9는 오리와 알록달록 화려한 알들이 둥지 수북이 쌓여 있다. 자신의 집에 누구든지 들어올 수 있게 사다리를 그려주었다. 윙크하는 오리는 함께 나눌 줄 아는 온화하고 너그러운 마음이 표현된 것이다.

그림 3–10

그림 3-10을 보면 오리의 집은 3층집인데 매일 낳은 알이 점점 온 집에 쌓여간다. 집에 한쪽 발을 넣어두고 이웃집에도 하나씩 옮기는 듯한 오리발의 모양이 재미있다.

그림 3-11은 아빠 오리, 엄마 오리, 아기 오리 등 오리 가족을 세

그림 3–11

밀하게 특징을 살려 그려준 모습이 재미있다. 엄마 오리의 머리 장식이나 날개의 위치가 재치 있게 표현되었다. 원작의 스토리를 벗어나 완전히 다른 이야기로 전개해준 것은 상상력의 경계를 짓지 않는 아이다움에서 오는 특징이기도 하다.

그림 3-12

그림 3-12는 마을에 오리의 알을 나눠준다는 소문을 듣고 온 동네 동물 친구들이 집 앞에 나와 있는 모습이다. 언덕 위 집들의 표현도 독창적이고, 요소요소에 세밀한 표현들이 디테일하게 잘 표현되었다.

더불어 살아가는 세상

장애를 갖게 된 아이가 바라보는 관점을 함께 바라보고 공감하게 되는 인성 동화 《위를 봐요!》(정진호, 은나팔, 2014)를 읽고 아이들과 함께 이야기를 나누었다. 이 책은 더불어 살아가는 삶의 중요성을 알려주는 내용으로, 다리를 다쳐 장애를 입게 된 수지의 이야기다. 수지는 아파트 위에서 세상을 내려다볼 수밖에 없었다. 그런 수지와 늘 앞만 보며 가다가 위를 올려다본 한 아이가 만나며 펼쳐지는 마음 따뜻한 이야기다. 무심코 지나가는 사람도 있지만 사소한 행동에서 시작된 행동이 누군가의 삶과 마음과 세상을 바꿀 수도 있다는 것을 느껴보는 소중한 시간이었다.

이 책을 선택한 이유는 독특한 시점이 눈을 사로잡았고 내용도 더할 나위 없이 좋았기 때문이다. 수지의 시선과 같이 위에서 본 시점으로 표현해보며 아이들에게 창의적 자극을 주기에 충분했다. 구도, 시점, 투시, 비례 등에서 늘 익숙한 시선에서 벗어나 새롭게 바라볼 때 자신만의 생각에서 새롭게 창조되는 것이 바로 창의력이다. 앞, 옆에서 보는 구도표현은 많이 접해보았지만 위에서 본 구도는 생소한 아이들이 다양한 시각적 관점을 배울 수 있는 시간이었다. 시선의 다른 점을 다양한 이미지를 통해 관찰해본 뒤에 드로잉으로 익혀보았다.

그림책 일러스트에서 수지의 어두운 마음을 무채색으로 표현한 것에 영감을 받아, 수업 미술적 기법인 프로타주(면이 올록볼록한 것 위에 종이를 대고, 연필 등으로 문지르는 기법)로 무채색의 보도블럭 위를 표현했다. 무채색으로 이야기를 만들어주었지만 이웃들의 따뜻한 마음으로 단조롭던 흑백 세상은 생기가 넘쳐흐르는 모습이었다.

그림 3-13 9세 아이의 그림

그림 3-13을 보면 재미난 발상들로 가득 차 볼거리가 풍성하다. 영어를 좋아해 영어가 디자인된 모자를 쓴 수지의 모습은 주먹 쥔 손 부분과 재미난 표현들이 섬세하고 독창적이다.

길 위에는 시점을 달리한 사람들의 표현이 다양하다. 위에서 내려다본 구도로 그린, 다리가 아주 긴 사람과 뚱뚱한 사람도 보인다. 불편한 수지가 사람들의 머리꼭지만 보는 것이 안타까워 수지와 눈을 맞춰주기 위해 인도에 누운 산타 모습의 자기 자신과 루돌프에서 수지를 배려하는 따뜻한 마음을 알게 되었다. 그림의 시점 차이를 잘 이해한 만큼 자유롭게 작업해주었다. 인도 뒤로는 아파트 사이에 놀이동산이 가득 있어 아이다운 작품이 탄생했다.

그림 3-14는 위에서 내려다 본 구도를 마을의 풍경을 담아 깔끔하게 표현되었다. 예쁜 머리띠를 한 수지의 모습을 난간을 잡고 있는 손가락의 위치까지 생각해 그려준 9살의 섬세한 표현력을 칭찬한다.

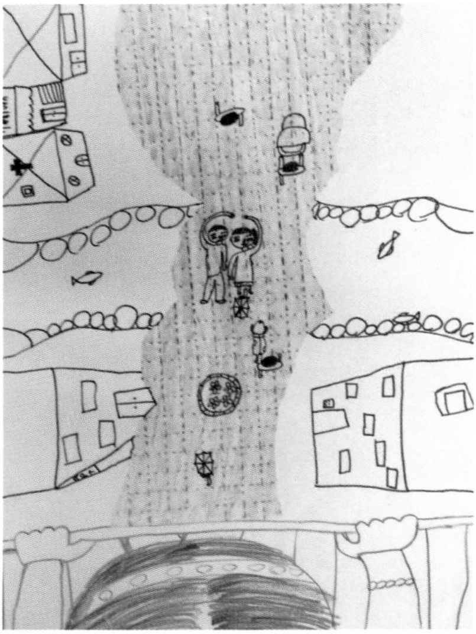

그림 3-14 9세 아이의 그림

유모차를 끌고 가는 사람, 우산 쓰고 가는 사람, 강아지를 산책시키는 사람 등 다양한 사람들의 시점을 잘 이해하고 재미있게 그렸다. 하나하나 생각해내며 조화롭게 스토리를 만들어 가는 모습이다. 어느 것 하나 대충 그리지 않은, 또렷한 선이 돋보이는 작품이다. 남자와 여자 두 명이 수지를 향해 길 위에 누워 하트를 만들어주는 모습에서도 아이의 따뜻한 마음이 느껴진다.

겉모습보다 진심이 중요하다

이 수업은 나와 다른 모습의 타인을 인정하고 내면의 모습을 알아봐야 한다는 내용을 담은 《친절한 악어 씨》(루차 판치에리 글, 안톤 조나타 페라리 그림, 키즈엠, 2014)라는 인성 동화를 이용했다. 풍부한 상상력으로 편견을 깨고, 겉모습보다 진심이 중요하다고 이야기하는 그림책이다. 우리가 흔히 알고 있는 포악한 파충류인 악어와 달라도 너무 다른 악어의 이야기를 담고 있어, 아이들이 매우 흥미로워했다.

악어는 비록 외모가 거칠고 사납게 생겼지만, 깜찍하고 따뜻한 소원을 가지고 있었다. 모두가 잠든 시간에 밀린 집안일을 도와주고 싶다는 선한 마음을 가졌던 것이다. 아이들도 착한 마음씨를 가진 악어에게 호기심이 더욱 커졌던 시간이다. '애완동물 악어가 우리 집에 있다면 어떨까?'라는 상상도 해보고, 아이들 각자 그린 악어의 모습도 개성 있고 재미있게 표현되었다. 다른 사람의 겉모습보다는 반짝이는 마음을 발견하고, 자신의 마음도 잘 돌보고 가꿀 수 있는 아름다운 모습이 되기를 바라는 마음을 아이와 나눈다면 더욱 좋다.

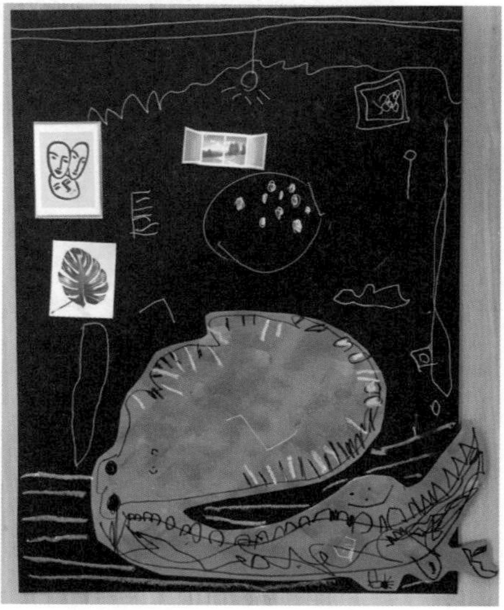

그림 3-15 5세 아이의 그림

그림 3-15를 그린 5세 아이는 악어가 우리 집에 함께 살아도 좋겠다고 이야기하면서, 여

기저기 쓰레기가 있는 집과 귀여운 악어를 표현했다.

악어가 어질러진 식탁을 정리해준다는 것이다. 뾰족한 이빨과 악어 가죽의 특징을 귀엽게 그려 5세의 특징이 잘 드러나는 작품이다.

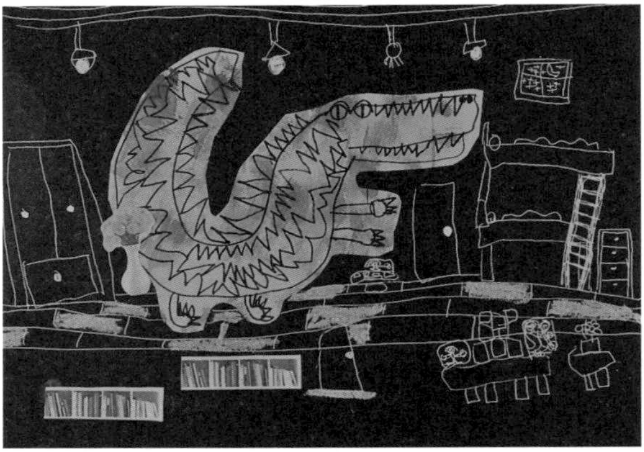

그림 3-16 6세 아이의 그림

그림 3-16은 마루 밑에 사는 악어가 모두가 잠든 사이에 2층 침대가 있는 아이의 방에 몰래 살금살금 들어오는 모습을 표현했다. 이 그림을 그린 아이는 악어가 빨래나 청소, 놀아주기 등 뭐든 자신 있어 이 집에 고용되길 바라는 소원이 있다고 한다.

그림 3-17을 그린 7세 아이는 5, 6세 아이보다 구도를 입체적으로 이해하기 시작하고 더 자유롭고 디테일하게 그렸다. 같은 주제로도 더 세밀한 그림과 스토리가 나온다.

아이의 집 거실에는 《친절한 악어 씨》 책이 있다고 한다. 밤마다 모두 잠들면 책 안에서 악어가 나와 친절하게 집정리와 청소를 하고

그림 3-17 7세 아이의 그림

우리 가족이 깨기 전에 다시 책 속으로 들어간다는 기발한 생각을 했다.

행복 가득한
사랑 하브루타

삶의 목적은 행복이다

행복은 한 사람의 인생에서 중요한 부분을 차지한다. 행복한 경험은 행복지수가 높은 아이로 성장시킨다. 행복한 아이는 좌절하지 않는다. 아이가 삶 속에서 행복을 충분히 경험하면 어떤 경우에도 흔들리지 않는 성인으로 자랄 수 있다. 결국 행복은 삶을 대하는 동기부여의 원천이 된다.

미술은 아이에게 행복한 미래를 가져다줄 수 있는 좋은 도구다. 마음이 힘든 사람들이 미술 활동을 통해 치유되는 것만 보아도 미술이 우리에게 주는 행복감을 알 수 있다. 그렇기 때문에 부모가 아이에게 미술을 교육하는 것은 부모가 아이를 사랑하는 마음으로 행복을 경험하게 해주는 것이라 생각한다. 그러나 행복 위주가 아닌 학습 위주의 조기교육에 열을 올리는 경우가 있다. 그럴수록 아이들의 내면은 피폐해지고, 행복하지 않은 유년기를 보내게 된다.

노년의 열정과 예술적 성과를 세상과 공유한 화가 모지스 할머니의 인생은 그림이 가지는 삶의 모습을 되돌아보는 계기가 되었다. 모지스 할머니의 그림과 삶에는 알랭 드 보통이 제시했던 '그림이 가지는 심리 치료적 효과의 키워드들', 즉 기억, 희망, 슬픔, 자기 이해, 균형, 성장, 감상이 골고루 담겨 있다. 그림을 통해서 남편을 사별한 슬픔을 극복하고, 행복했던 일상을 시각 언어로 기록하고, 또 그 과정에서 지칠 줄 모르는 자기 성장을 도모했고, 인생의 황혼에 이르러 자아실현의 궁극을 맞이했다는 점에서 모지스 할머니의 그림 세계는 생활 예술을 실천한 좋은 예다.

미술에는 정답이 없다. 가끔 테크닉적인 부분에만 몰두하는 부모들은 내 아이가 옆집 아이보다 잘 그려야 한다는 경쟁심리에서 교육원을 선택하고 보낸다. 이로 인해 부작용을 겪게 되는 안타까운 모습을 많이 경험한다. 그러나 아이는 자신의 독창적인 생각을 칭찬하고, 스스로 생각해낸 것을 격려해주기만 해도 큰 행복감을 느낀다.

아빠의 가족 사랑

2012년 볼로냐 국제아동도서전에서 '올해의 일러스트레이터'로 선정된 노인경 작가의 그림책 《코끼리 아저씨와 100개의 물방울》(문학동네어린이, 2012)은 아빠 코끼리 '뚜띠'의 험난하지만 행복한 모험 이야기다.

뚜띠는 양동이에 100개의 물방울을 담았지만 가족에게 돌아오는 길에 험난한 여정으로 모두 다 사라져버려 눈물을 흘린다. 그런데 마침 하늘에서 비가 내려 100개의 물방울을 다시 채운 아빠는 아기코끼리들에게 달려간다. 우스꽝스러운 아빠 뚜띠의 모습에서 아이들은 자신의 아빠를 떠올린다. 가족을 향한 아빠의 사랑을 느낄 수 있는 감동적인 책이다.

이 책은 픽셀아트 그림책으로, 조각조각 픽셀들이 쌓여 완성된 아름다운 그림으로 이루어져 있다. 주인공인 코끼리와 코끼리가 타고 가는 자전거를 제외하고는 배경과 사물들이 모두 픽셀로 되어 있어, 책을 본 아이들이 새로운 시각적 효과를 경험할 수 있다. 스토리텔링의 목적에 맞게 아이들의 창의성을 발전시키는 작업으로 상상력과 스토리 전개에 중점을 두어 감상하면 좋다.

창작 활동을 하면서 아이가 지루할 틈 없이 지우개 스탬프라든가 비닐 등 다양한 재료를 응용해 작품을 완성할 수 있다. 손으로 직접 모든 요소를 그려야 한다는 고정관념에서 벗어나 스탬프를 찍거나 콜라주 작업 등을 병행하면 완성해야 한다는 부담감도 덜고 행위 자체에 집중할 수 있게 된다.

하늘에서 내리는 빗줄기의 표현을 파란색의 비닐을 이용해 아이들이 자유롭게 찢고 오려 붙이거나, 물방울이나 발자국 나뭇잎 모양 등 픽셀의 반복된 무늬를 스탬프로 만들어 그림에 응용해보자. 가정에서는 부모들이 고무지우개로 물방울 모양을 그리고 도장 파듯 문구용 칼로 무늬를 오려내 간단하게 만들 수 있다.

코끼리의 형태를 그려보게 하면 아이들마다 느끼는 코끼리의 특징이 매우 달라 흥미롭다. 혜린이의 그림을 보면 손과 눈의 협응력

그림 3-18 《코끼리 아저씨와 100개의 물방울》을 읽고 6세 혜린이가 그린 그림

이 좋고 코끼리의 형태 표현이 창의적이다(그림 3-18). 코끼리의 상아, 코의 주름, 아기코끼리가 걸어가는 동작과 아빠코끼리의 정면에서의 모습을 관찰을 통해 표현하였다. 코끼리나 선인장이 너무 재미있고 귀엽게 표현되었다.

그림의 내용은 아빠코끼리가 아기코끼리에게 내리는 비를 코로 막아준다는 내용이고, 왼쪽 아래는 선인장 가족이 코끼리 가족을 보고 있는 모습이라고 한다. 선인장의 눈, 코, 입까지 재미있게 상상하고 그린 모습이 귀엽다. 여섯 살 혜린이도 아빠가 아기를 보호하는 고마운 마음을 알 수 있게 된 소중한 시간이었다.

이 수업은 가족사랑을 테마로 그림책을 재해석해 아이들만의 표현력뿐 아니라 가족에 대해 생각해보게 되는 계기가 되었다. 하브루타 미술의 질문 프로세스로 가족사랑을 느낄 수 있는 행복한 생각을 하게 해서 다음 작품들을 완성해낸다. 아이들은 미처 몰랐던 아빠와 엄마의 수고와 노력을 생각해보게 된 마음 따뜻했던 시간이다. 작품을 끝낸 후 새삼 아빠에게 감사한 마음이 든다는 아이에게 오늘은 특별히 아빠의 어깨 주물러 드리기를 과제로 주었다. 책 한 권이 주는 교훈은 가족의 화목으로 연결되는 큰 의미를 갖는다.

소중한 것

개성 있는 일러스트와 기발한 상상력으로 세계적으로 독자들의 사랑을 받고 있으며, 칼데콧 아너상 등 권위 있는 그림책 상을 수상한 화가 레인 스미스의 《할아버지의 이야기 나무》(문학동네어린이, 2011)를 읽고 미술활동으로 연계해보았다.

이 이야기는 증조할아버지의 아주 오래된 기억들로 만든 기발한 모양의 나무가 들려주는 이야기다. 나무마다 깃들어 있는 할아버지의 인생 이야기를 들어보며, 우리 아이들에게 시각적 흥미는 물론 마음의 울림도 안겨주었던 수업이다. 질문을 통해 아이들이 가장 소중하게 생각하는 것은 무엇인지 알아보고, 아이의 정서 상태와 가족에 대한 생각도 살펴보는 시간을 갖는다.

아이들이 원예사가 되어 도화지 안에 잘 다듬어진 잔디로 나만의 이야기를 표현해보기로 했다. 아이들이 가장 소중하게 생각하는

그림 3-19 《할아버지의 이야기 나무》를 읽고 10세 리원이가 그린 그림

것은 무엇일까? 할아버지가 자신이 의미를 두는 다양한 모양의 정원을 만들듯, 아이들은 자동차, 곰돌이 인형, 책, 아이스크림 등 단순히 좋아하는 것을 떠올리지만 부모와의 대화를 통해 소중한 것의 가치를 다시 생각해보게 된다.

미술적 표현으로는 스펀지를 이용해 잔디의 질감을 표현해보기도 했다. 나무의 결 무늬를 섬세하게 그리려는 과정에서 아이들이 집중하는 기특한 모습을 발견하게 된다.

'내가 원예사라면 무엇이 가장 소중할까?'라는 질문에 리원이는 조금의 망설임도 없이 "엄만데요"라고 말했다. 엄마와의 사랑과 신뢰가 충만함을 알 수 있었다. 엄마의 웃고 있는 모습으로 정원을 꾸미는 이야기를 담아서 열심히 그렸다. 모양이 크고 멋있는 고목 위에 올라 누워서 작업하는 리원이의 모습이 참 재밌게 표현된 작품이다(그림 3-19).

행복한 상상

마크 얀센의 《쉿! 나는 섬이야》(주니어김영사, 2018)는 바다에서 조난을 당한 소피의 가족들이 살게 된 섬이 사실은 커다란 거북이었다는 기발한 상상력을 담고 있다.

아이들은 눈으로 보이는 것 너머에 특별한 상상의 세계가 있을 거라고 상상한다. 바다 위의 알록달록한 하늘과 철새들, 바다 아래 다양한 물고기의 모습을 동시에 감상하며 그림 속에 담겨 있는 다양한 이야깃거리를 찾아보게 되는 책이다. 또 소피의 가족을 위해 섬인 척하며 가만히 있기로 하는 거북이의 모습에서 따뜻한 공감과 배려의 교훈을 얻는다.

수업에서는 각자 거북이 등 위에 자기만의 섬을 그리고 정성껏 꾸며주었다. 원작의 화려하고 사랑스러운 색감처럼 수채화의 번지기 기법과 함께 풍부한 색을 사용해 아주 신비한 느낌의 작품으로 완성했다.

이 주제를 통해 아이들은 우리 주변의 흔한 일상들 너머에 있는 특별함을 발견해보았고, 눈으로 보이는 상황 너머의 존재나 상황을 자기의 경험을 떠올리며 상상하고, 하나의 새로운 이야기로 창조해냈다. 다음 그림들은 아이들이 직접 이야기를 만들어 표현한 작품들이다. 그림 안에 담긴 소소한 경험과 바램을 통해 아이의 생각을 알 수 있는 재미도 있다.

그림 3–20 11세 아이의 그림

그림 3-20을 그린 아이는 이 동화가 감동적이라고 소감을 표현했다. "나도 섬에 남겨진다면?"이라는 질문을 통해 마음껏 상상의 나래를 펼쳤다.

엄마 아빠와 함께라면 섬에 남겨져도 너무 즐거울 것 같다며 가족에 대한 애정을 드러냈다. 거북이 섬에 멋진 2층집도 짓고, 아빠와 낚시도 할 생각이다. 또 엄마가 수영을 잘하는 편이라서 바다 한가운데 있어도 걱정 없다며 뿌듯한 미소를 지었다. 수영하고 있는 아빠의 모습을 거북이가 물속에서 지켜보고 있는 듯 위트 있게 표현했다.

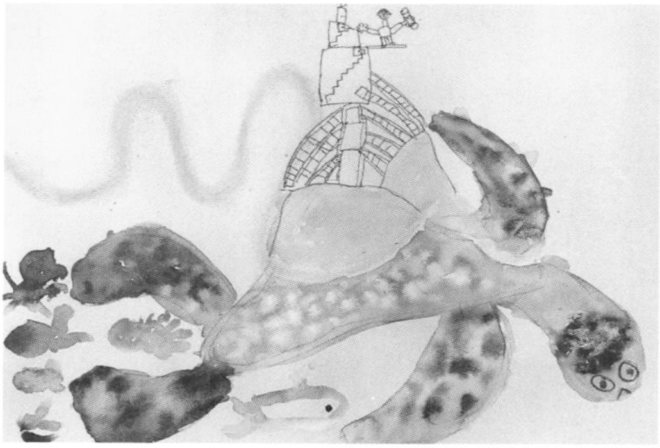

그림 3-21 9세 아이의 그림

그림 3-21을 그린 아이는 섬 위에 남겨진다면 등대를 만들어줄 거라고 한다. 등대가 있다면 혼자 있어도 외롭지 않을 것 같다고 말이다. 계단이 많은 높은 등대 위에 망원경을 들고 있는 자신의 모습을 그려넣었다. 멀리 있는 사람들도 어디에 있는지 잘 찾아주기 위해서라고 한다.

그림 3-22에는 섬 위에 놀이터가 있다. 그네와 시소도 있고 미끄

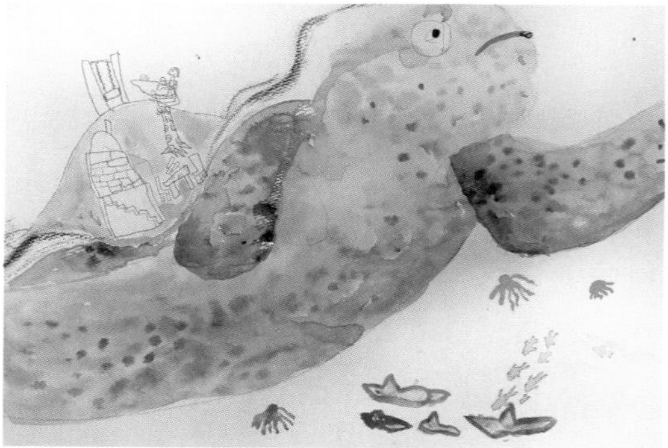

그림 3-22 9세 아이의 그림

럼틀도 있다. 혼자 남겨진다고 해도 시소를 타면 심심하지 않다고 한다. 평소에 놀이터를 좋아하는 아이다운 발상을 그림에 담았다. 거북이의 난감한 듯한 표정도 실감나게 잘 표현하였다.

세 그림 모두 자세히 보면 소소한 재미난 이야깃거리를 세밀하게 담아냈다. 사랑스러움이 느껴지는 좋은 작품들이다. 아이는 상상을 펼치며 그림과 자신을 결부 지어 행복감에 흠뻑 빠지게 된다. 거북이가 섬인 척해주는 표정들도 재미있다.

우리 가족 돌아보기

이 수업은 버스에 오른 사람들을 만날 수 있는 재미난 입체 커팅 그림책인 남윤잎 작가의 《버스 안》(시공주니어, 2019)이라는 책으로 진행해 보았다.

버스 안에는 다양한 사람들이 있다. 버스를 타고 어디론가 가는 사람들의 표정이 모두 다른 것도 인상적이다. 버스 탄 사람들의 이야기를 하나하나 상상하며 공간과 사람을 생각하게 한다. 버스 안의 사람은 하나하나 잘린 조각 여러 장이 겹쳐져 입체적으로 보여지며, 책 자체로 짧은 상황극을 보는 연극 무대처럼 느껴진다. 책을 펼치면 버스 안 풍경과 사람들의 모습이 실제처럼 다가와 더욱 흥미를 일으킬 수 있는 책이다.

작가는 인물마다 어떤 상황인지 떠올리며 인물에 어울리는 소리나 대화를 의자 뒷면에 짧은 텍스트로 담았다. 또 공간의 여백을 남

그림 3-23
리원이가 그린 〈버스 안 우리 가족〉

그림 3-24 도화지 앞장을 펼친 모습

겨 독자가 상상할 수 있도록 했다고 한다. 아이와 어른 모두에게 경험과 감성을 담아 공감대를 형성하는 매우 흥미로운 그림책이다.

수업에서는 아이들과 책을 읽고 다양한 사람들의 모습에서 가족들의 모습을 찾아보게 하였다. 삽화처럼 버스 실내와 사람들의 실루엣대로 잘린 종이를 이용해 집으로 가는 우리 가족의 모습을 차례대로 각 장에 담아보았다. 새로운 도화지의 형태와 기법에 아이들은 흥미롭게 참여한다.

아이들과 함께 "우리 가족은 버스를 타며 무슨 생각을 할까?"와 같이 상황을 상상하며 이야기 나눈다. 가장 가까운 사람들의 생각과 표정과 행동을 떠올리며 가족에 대해서 생각하게 되고 아빠의 평소 모습, 엄마의 모습과 나의 모습에서 아이가 느끼는 우리 가족이 보인다. 아이들은 부모님의 고단함을, 부모는 아이가 자신들을 바라보는 모습을 통해 서로가 이해하고 공감하는 시간이 된다.

그림 3-23을 그린 리원이는 제일 앞자리에는 방탄소년단 음악을 듣는 아빠를, 두 번째는 책을 읽는 엄마와 나란히 앉은 자신의 모습을 그렸다. 지금은 버스를 타고 드라마 촬영장을 방문하러 가는 중이라고 한다.

리원이는 평소에도 좋아하는 방송매체를 그림에 잘 응용한다. 맨 뒷자리에 동승한 창밖을 보는 다른 사람까지, 보고 있으면 흐뭇해지는 버스 안 풍경이다.

볼로냐 라가치상을 수상한 알바 마리나 리베라가 그림을 그리고, 아리안나 스퀼로니가 글을 쓴《지난여름 할아버지 집에서》(뜨인돌어린이, 2014)는 시골에서 오순도순 정답게 사는 할머니 할아버지가 여름날 도시의 손주들과 보낸 추억을 아름답게 그려낸 책이다. 로맨티스트 할아버지와 낭만주의 할머니가 계신 시골집에서 놀다 온 기쁨을 전해준다. 콜라주와 디지털 기법으로 그려낸 일러스트가 실려 있다.

시골에 사시는 할머니 할아버지를 찾았던 예전과는 달리 핵가족화 시대를 사는 우리 아이들은 또 다른 조부모와의 추억을 쌓아가고 있다. 바쁘게 살아가는 시대에 아이가 그린 주름진 할머니 할아버지의 모습에서 사랑과 감사를 느껴보는 시간이기도 하다.

이 책은 감정에 따른 색 변화가 도드라진다. 이를 아이들과 함께 표현해보았다. 원작과 비슷한 느낌의 펜화로 할아버지 할머니의 동세나 얼굴의 주름까지 섬세하게 묘사한 후 연필로 명암을 잡아주어 완성도를 높였다. 옷이나 사물들에는 패턴을 넣어가며 정교하고 세밀한 표현으로 한층 성숙된 기법도 배워본다. 또 평소와 다른 색감인 파스텔 톤의 물감으로 채색하면서 그림에 어울리는 색 감각도 익혀본다.

할아버지 할머니를 떠올리며 그려준 우리 아이들의 작품은 추억 속 한 폭의 사진을 연상케 한다(그림 3-25). 작가의 그림에서처럼 면을 분할해 우리 할머니 할아버지의 주름진 얼굴을 세세하게 중점적으로 표현했다. 아이들마다 그림의 소소한 이야기는 다 다르지만,

그림 3-25 《지난 여름 할아버지 집에서》를 읽고 9세 아이들이 그린 그림

한 가지 공통점은 할아버지 할머니 집을 떠나며 헤어질 때의 모습이 가장 기억에 남는다는 이야기였다. 아이들은 그림을 그리는 동안 할아버지 할머니와 있었던 즐거운 경험들을 하나둘 꺼내놓기 시작했다. 모두가 할머니 할아버지의 사랑을 떠올리며 그렸던 시간이다.

끝없는 사랑, 모성

우리나라 최고의 동화작가 권정생 작가의《엄마 까투리》(낮은산, 2008)는 엄마의 사랑을 담아낸 슬프고도 감동적인 이야기와 화가 김세현의 아름다운 동양화풍의 그림이 어우러진 그림책이다. 산불 속에서도 새끼들을 지키기 위한 엄마 까투리의 끝없는 모성애와 그 곁을 떠나지 못하는 아기 꿩들의 모습이 가슴 먹먹하다.

그런데 하브루타 미술 수업으로 이 책을 선택하려고 하니 주저되는 부분이 있었다. 산불로부터 아기 새를 살리고 온몸이 바스러진 엄마 까투리의 죽음 앞에 숙연해진 아이들과 어떤 대화를 끌어낼 수 있을까? 충격적이고 안타까운 상황에 너무 감정이입이 되는 건 아닐까? 하는 고민이었다. 실제로 책을 읽고 너무 슬퍼서 우는 아이들도 있었다. 그럼에도 이 책을 선택하게 된 것은 엄마의 모성애는 끝을 알 수 없을 정도로 깊고 넓으며 조건 없는 최고의 사랑임을 아이들이 알 수 있길 바라는 마음에서였다.

동화의 겉표지만 보아도 아이들은 책의 분위기를 알 수 있다. 엄마 까투리의 슬픈 표정도 금세 알아차린다. 아이들은 책을 읽고 질문을 쏟아내기 시작한다. 그리고 자신들이 생각한 대로 그림으로 표현한다.

수업에서는 이 책을 읽고 함께 대화하고 생각을 정리한 뒤 작가의 기법으로 표현해보았다. 대담하게 표현할 수 있는 재료인 먹을 이용해 시원스럽게 그리도록 했다. 깃털이나 어미와 새끼 꿩의 동작도 세세하게 표현하며 관찰력도 높여본다. 대범한 먹 선으로 숲의 나무들을 그리며, 동양화에서 굵고 얇은 선들의 조화도 느낄 수 있게 하였다.

아이든 어른이든, 이 책을 읽은 사람은 누구나 엄마 까투리가 죽지 않았으면 좋겠다는 생각을 한다. 생각만으로 해결되지 않는 감정을 하브루타 미술 수업을 통해 시각적인 언어로 재해석하고 유의미한 창작물로 만들어내도록 했다. 이런 과정을 거치며 결과물을 만들어낸 아이들은 발표시간을 통해 재해석한 작품으로 서로의 슬픈 마음을 위로한다.

아이들은 '왜 아기 꿩은 죽은 엄마 품을 떠나지 않았을까?', '어미 까투리를 살릴 수 있는 방법은 없었을까?', '어미 까투리와 아기 꿩을 모두 살릴 방법은 없었을까?', '내가 작가라면 어떻게 했을까?' 등의 질문을 던지며 작품을 완성했다. 또 아이들은 대부분 슬픈 원작의 내용을 자신만의 해피엔딩으로 재해석하고자 한다. 그래서 상상 속에서 다양한 방법으로 엄마 까투리를 구해낸다. 아이들의 마음이 어미 새의 사랑으로 가득한 작품과 만나 더욱 율동감이 느껴지는 작품으로 바뀌었다. 아이들의 작품을 보고 있자니 어른인 내게도 따뜻한 마음이 전해왔다.

다음 그림들은 아이들과 하브루타 미술로 완성한 작품이다.

그림 3-26

그림 3-26에서는 위험에 처한 엄마 까투리를 히어로 같은 아빠 꿩 장끼가 구해주고 있다. 엄마 까투리의 목을 입에 물고 이동하는 모습에 가슴이 뭉클해지는 감동을 받는다. 아기 꿩은 아빠의 목, 등, 날개, 꼬리, 다리에 매달려 모두 안전한 곳으로 피해왔다.

그림 3-27에서 엄마 까투리는 다행히 온 힘을 다해 산불을 피해 안전한 곳으로 나왔다. 다행히 아기 꿩들과 안전하게 도망쳐 왔다고 한다. 아무도 다치지 않은 아이의 그림처럼 엄마 까투리와 아기

그림 3-27

새들의 표정이 밝다.

그림 3-28

그림 3-28에서는 죽어가는 엄마 까투리를 안전한 바위 위에 옮겨 두고 아빠 꿩은 신비한 명약을 구해 와서 엄마 까투리를 살려내고 있다. 간절하게 살려내고 싶은 아이의 마음이 담긴 작품이다.

그림 3-29는 엄마 까투리를 도와주러 나선 아빠 꿩 장끼의 모습이다. 위험에 처한 엄마를 돕는 건 아빠다. 아홉 마리 새끼들을 날개와 등에 나눠서 산불을 피해 안전하고 평화로운 숲으로 왔다. 화사한 숲의 표현과 꿩 날개의 아름다운 색이 평화롭고 행복해 보인다.

그림 3-29

유니크한
내 아이만의 하브루타

독창성을 키우는 하브루타 미술 수업

하브루타 미술만의 가장 큰 장점은 나만의 독특한 독창성을 키워준다는 것이다. 아이들은 같은 주제로라도 친구와 다른 자기만의 생각을 담아 작품을 만들어낸다. 독창성을 분류해보면 크게는 스토리에서의 독창성, 소재로서의 독창성, 도구 사용에서의 독창성이 있고, 그림의 표현법에서는 구도의 독창성, 선의 느낌에서 느껴지는 독창성, 시점의 독창성, 색의 조화로서의 독창성 등이 있다.

무엇보다 중요한 것은 이야기에서의 독창성이다. 자기만의 기발한 스토리를 생각해낼 줄 안다면 독창적인 것이다. 남과 다른 스토리야말로 가장 큰 차별화를 만들어낼 수 있다. 그 외의 요소들은 어렵지 않게 표현이 가능하다.

다음은 하브루타 미술을 통해 자신들의 독특한 개성을 보여준 아이들의 작품을 소개한다.

경험에서 오는 나만의 스토리

조미자 작가의 《바람이 살랑》(국민서관, 2008)은 바람이 살랑 불어오는 거리, 어느 한때의 풍경을 조각조각 나누어 보여주는 그림책이다. 이 그림책에는 한 장면에서 다음 장면으로 넘어가는 찰나, 다음 이야기를 상상하게 하는 작은 연결고리들이 숨어 있다. 규칙적이진 않지만 그 연결고리들이 그림책을 보는 재미를 준다.

미술수업에서는 눈에 보이지 않는 바람의 존재를 사물, 자연물, 또는 경험을 이용해 표현해보도록 했다. 저마다 바람을 느꼈던 순간들을 웃음꽃을 피우며 떠올려보기도 했다. 행복한 미소, 또는 놀라움, 또는 호기심 어린 표정들에서 아이들이 몰입하는 순간을 알게 된다. 바람에도 종류가 있듯이 아이들이 표현해본 바람에는 다양하고 재미있는 이야기들이 가득하다.

그림 3-30을 그린 리원이는 예전에 아빠가 일하시는 여의도에

그림 3–30 10세 리원이가 그린 〈여의도 고수부지에서 불었던 바람〉

갔다가 한강고수부지에서 갑자기 분 바람에 깜짝 놀란 적이 있다고 한다. 그때의 상황을 아주 리얼하게 얘기해 준 덕분에 수업 분위기도 좋았다. 핑크 원피스가 바람에 날리는 모습과 머리카락은 바람의 세기를 짐작할 수 있을 정도로 생동감 있게 표현되었다.

그림 3-31 7세 민준이가 그린 〈풍선 불던 날〉

그림 3-31을 그린 민준이는 자연적인 바람이 아니라 입으로 내는 바람도 있다며 풍선을 부는 모습을 아주 실감 나게 그려주었다. 풍선을 부는 표정이나 입술의 모양도 아주 재미있다. 매 시간 집중

력을 발휘해 준 민준이는 몇 개월 전에 비해 표현력이 상당히 좋아졌음을 알 수 있었던 그림이다.

그림 3-32 9세 채유가 그린 〈일본에서 불던 폭풍 바람〉

그림 3-32를 그린 채유는 바람에 관한 여러 가지 이야기를 나누다가 예전에 일본에 갔을 때 강한 바람을 경험한 적이 있다고 떠올렸다. 당시 도로가 끊어지고 나무가 쓰러졌었다며 많은 이야기를 해주었다. 그림에서는 시점을 TV를 통해 바라보는 모습으로 바꿔 그린 것이 더욱 차별화되고 재미있다. 또 보기만 해도 스릴 있고 현장감이 느껴진다. 주제에 잘 어울리는 멋진 작품이다.

자신감에서 오는 기발한 생각

코리나 루이켄의 《아름다운 실수》(나는별, 2018)로 어른과 아이 모두를 위한 그림책으로, 놀라운 상상력과 짜릿한 반전을 보여준다. 실수는 실패가 아니라 또 다른 시작임을 알려주는 책이다.

화지에 찍은 작은 얼룩 한 점이 누구에게는 자그만 실수로 남을 수도 있지만 아이들은 그 실수 위로 위대한 생각의 씨앗을 펼친다. 실수로 찍은 점 위로 아이들마다 다른 상상력을 함께 이야기하고 표현도 해보며 자유로운 구도와 이야기를 구성하는 것이 재미있는 요소였다. 이 수업을 통해 아이들은 '실수'조차도 아이디어의 원천이 될 수 있음을 알게 된다. 실수를 깨닫고 앞으로 나아갈 수만 있다면 실수가 단지 실패가 아니라는 것을 알고, 두려워하지 않는 아이로 성장하게 된다.

그림 3-33은 점으로 코알라를 그렸다. 큰 점과 작은 점을 보자마

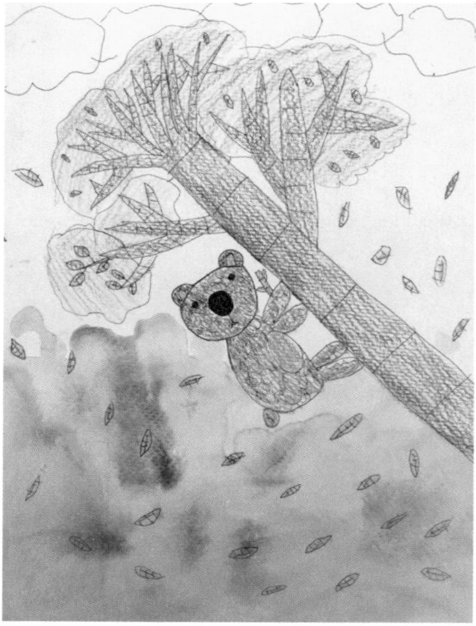

그림 3-33 10세 선우가 그린 〈나무에 매달린 코알라〉

자 아이는 꼭 코알라 같다며 그려주고 싶다고 얘기했다. 비스듬한 나무에 코알라가 매달려 있는 모습이 귀엽다. 이런저런 재밌는 얘기도 하며 상상의 나래를 펼쳤던 그림이다.

그림 3-34 9세 지우가 그린 〈의자에서 뛰어내린 고양이〉

그림 3-34에서는 점을 의자에서 뛰어내려오는 고양이의 털무늬로 연상해서 표현해주었다. 불규칙적이고 크기가 다른 점을 보고 의자에서 뛰어내리는 고양이를 연상해 점들을 연결해서 표현해주었다. 기발한 아이디어와 역동적인 고양이의 모습이 잘 표현되었다.

그림 3-35 10세 리원이가 그린 〈주스를 쏟았어요〉

그림 3-35은 일부러 먹물을 떨어뜨린 종이에 컵을 들다가 주스를 쏟아 깜짝 놀라는 모습을 아주 재밌게 구성해주었다.

무한한 상상력의 키워드

마티아스 더 레이우의 《멋진, 기막히게 멋진 여행》(그림책공작소, 2016)은 네덜란드 최고 권위의 그림책상인 '책깃털상'을 수상한 작이다. 글이 없는 그림책으로, 아이들이 자유롭게 상상하며 이야기를 만들어갈 수 있는 주제다.

아이들은 책을 통해서 빨강 아저씨를 따라 망설임 없이 숲을 떠난다. 세상 속으로 성큼성큼 걸어가보며 저마다 떠나고 싶은 장소도 정해보고 긴 나무 다리를 탄 자신의 모습을 그려 스스로 주인공이 되어본다. 특히나 기존에 전형적인 그림 스타일에서 벗어나고자 했다. 배경을 면이 아닌 선으로 표현해주어 붓의 자유로운 선 느낌을 가득 담아보며 색다른 기법도 배울 수 있었다.

그림 3-36을 그린 인후는 동화 속 아저씨처럼 장대를 타고 여행을 한다. 무척이나 긴 장대로 아파트 위를 걸어 다니고 싶다고 한다. 아파트 안의 사람들과 도시의 소소한 재미난 소재들을 그려주어서

그림 3-36 8세 인후가 그린 〈도시로 떠난 여행〉

더욱 재미난 작품이다. 인후의 작품을 보고 있으니 내 마음도 자유로워지는 느낌이다. 수채화 붓이 움직이는 자유로운 표현과 절제된 색감이 작품을 더욱 돋보이게 한다.

그림 3-37 9세 지우가 그린 〈바다로 떠난 여행〉

그림 3-37을 그린 지우는 장대를 타고 여행을 떠난 동화 속 아저씨처럼 지유도 여행을 떠나보기로 했다. 깊고 넓은 바다로 장대를 타고 가는 지우는 바닷속 풍경이 궁금했는지 숨을 참고 물속으로 얼굴을 넣어보고 있다.

특이하게 생긴 물고기 가족이 지유의 모습을 보고 경계하는 듯한 제스처가 무척이나 재미있게 느껴진다. 갈필로 물을 표현하는 부분에서는 조금 낯설어했지만 전체적으로 조화롭게 바닷속 모습이 잘 표현되었다.

익숙함을 벗어나 새로운 곳에서 새로운 사람을 만나고 새로운 시간을 보낼 거라는 기대감이 존재하는 것이 여행이다. 그림을 통해 아이들은 언제나 설레고 기대되는 여행 같은 하루하루를 체험하게 된다. 이번 시간을 통해 잠시나마 즐거운 여행을 상상해보았길 바란다.

생각의 힘

프랑스의 작가 사무엘 뤼베롱의 《복잡하지 않아요》(나무생각, 2016)는 부모와 자녀가 함께 읽는 책이라고 소개되어 있다. 책 겉표지에 그려진, 소년이 마음 문을 열어보는 모습의 그림만으로도 오랫동안 소장하고 싶은 그림책이다.

좋은 그림책은 그림만 좋거나, 또는 글만 좋은 책이 아니라 그림과 글이 조화롭고 감동적이다. 이 책은 아이가 '우리 마음속에는 무엇이 들어 있을까?'라는 질문으로 내면의 이야기를 찾아가도록 하는 책이다. 우리 머릿속과 마음속에는 겉으로 드러나는 것보다 더 많은 것들이 들어 있는데, 열어보기만 하면 그것을 알 수 있다는 메시지를 단순하고 쉬운 시적인 표현으로 그려냈다. 작가는 소묘, 조각, 콜라주 등 다양한 기법으로 작품을 표현하였다.

수업에서 아이에게 "머릿속에는 무엇이 있을까?"라는 질문을 던지면 아이들은 자화상을 통해 자기의 머릿속 생각 조각을 보여준다. 아이들이 직접 거울을 보며 자신의 얼굴을 관찰하고 연필로 자화상을 그려보았다. 얼굴과 머리 사이, 머릿속을 드러내 보이는 작업을 하면서 지금 자신의 머릿속엔 무엇이 있는지 이야기를 나누었다.

마음을 숲에 빗대어 표현한 그림에서 색채와 시각적 효과를 달리해 각기 다른 나만의 숲을 그렸다. 콜라주, 소묘 등이 어우러진 각양각색의 기법으로 따뜻함, 어두움, 신비로움 등 다양한 분위기를 연출하고 있다. 밝고 알록달록한 컬러는 따뜻함, 행복, 평화, 사랑의 이미지를 담아내고, 어둡고 톤 다운된 황토색, 검정색, 회색은 공포, 두려움, 차가움, 어두움, 비밀스러움의 이미지를 보여준다. 우리 아이들의 머릿속 그림을 들여다보며 대화를 나눠보면 어떨까?

자칫 부모들과 대화가 부족해질 수 있는 바쁜 일상에서 아이들의 솔직한 생각들이 드러난 작품을 함께 감상하며 아이와 부모가 많은 이야기를 나누길 바란다.

다음은 아이들의 생각을 담은 작품이다. 여기에 소개된 그림은 7세부터 초등 중학년 이상의 작품이지만, 다양한 연령을 대상으로 모두 수업이 가능하다. 아이들의 머릿속 이야기를 키워드로 재미있는 요소들을 찾아가다 보면 아이의 순수하고 천진난만한 모습을 만날 수 있을 것이다. 모두 독창성과 표현력이 잘 드러난 작품들이다. 작품들을 보면 아이들이 머릿속 이야기를 숨김없이 펼치고 있다. 제각각 다양함이 함께 공존하고 있는 지금의 감정을 머릿속 모습으로 잘 표현해주었다. 그림처럼 지금 그대로의 아이들을 바라봐주고 귀 기울여주고 공감해주는 시간이 되었으며, 아이와의 대화가 긴 여운으로 오래 남는 수업이었다.

그림 3-38 밝음. 신비스런 나무. 신비한 동물들. 신비한 숲. 화려한 컬러.

그림 3-39 두 개의 머릿속 감정, 밝음. 귀여운 사슴, 따뜻함. 알파벳. 수학기호, 차가움. 처녀귀신. 공포.

그림 3-40 밝음. 행복함. 화려함, 낮잠. 귀여움, 다채로운 무늬, 다채로운 동물, 즐거움, 사랑스러움.

그림 3-41 두 개의 머릿속 감정, 차가움. 무서운 동물, 어두움. 신비한 숲, 공포의 숲. 판타지, 두려움.

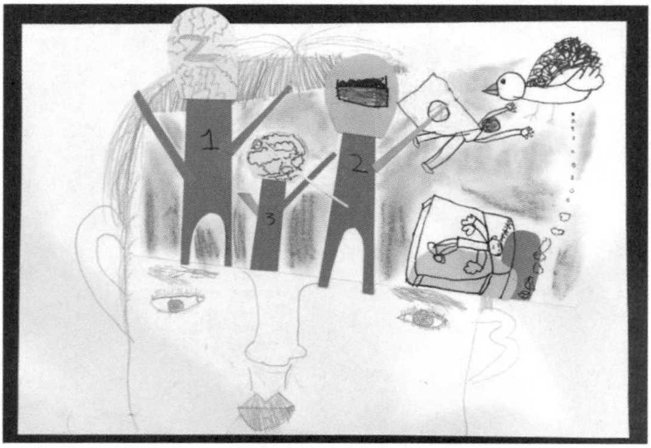

그림 3-42 밝음. 유머. 행복, 편안함. 새똥, 침대 위 낮잠, 어미새, 1번 나무 전기 감전, 2번 나무 과일상자, 3번 나무 아기새 둥지, 익살스러움.

4장

책으로 묻고 그림으로 답하다

그림책으로
생각하는 힘 기르기

그림책은 종합예술이다

세계적인 아동 도서 전문가인 마쓰이 다다시는 "상상력은 타고나는 것이며, 초등학교 입학 전에 좋은 그림책을 어떻게 만나는가에 따라 상상력의 질이 결정된다"라고 말했다.

그림책은 아이들이 태어나서 처음 만나는 책이다. 글과 그림이 어우러진 그림책은 글을 모르는 아이들도 쉽게 재미를 느낄 수 있으므로 언어가 미숙한 아이들이 처음 경험하는 책으로 가장 좋은 아이템이다. 언어, 문학, 디자인, 회화가 어우러져 새로운 영역으로 구현된 종합예술이라 할 수 있다. 작가의 독창적인 예술 창작 활동이 '그림책'이라는 종이 갤러리에 전시되어 있는 것이다. 누구나 어디서나 아이와 함께 쉽게 접할 수 있고, 오랫동안 두고두고 꺼내볼 수 있어 더욱 매력적이다.

또한 그림책에는 글자가 없는 것도 있다. 그림만으로 이야기가 전해지고, 감동과 재미를 느낄 수 있다. 독자는 글 없는 그림책으로도 많은 상상력과 이야기를 유추해낼 수 있다. 이런 그림책은 상상을 이미지로 극대화할 수 있는 최상의 도구가 된다. 요즘은 그림책의 원화를 갤러리나 도서관에서 전시하는 경우도 있는데, 이런 경우에는 작가의 붓 터치와 펜의 조밀한 표현 하나하나를 가까이에서 느낄 수 있어서 좋다.

그림책은 남녀노소가 함께 읽는 책이기도 하다. 그런 점에서 그림책을 활용한 다양한 교육활동이 활발하게 진행되고 있다. 그림책을 읽고 역할극도 하고, 외국 작가의 원화 그림책으로 영어도 배우고, 그림책을 직접 만들어보기도 하는 등 다양하게 활용할 수 있다. 그림책의 활용도는 무궁무진하다.

최근에는 성인을 위한 치유의 개념을 담거나 소외된 시니어 독자를 겨냥한 책들도 발간되고 있다. 특히 내 시선을 사로잡은 것은 시니어 전문 출판사 '백화만발'에서 펴낸 5090세대를 위한 시니어 그림책이었다.

백화만발의 시리즈 중 3권 김은미의 《선물》을 보면 겉표지의 그림에서부터 부드러운 터치의 아름다운 그림에 매료된다. 친정엄마에게 드리는 이야기를 담은 페이지를 한 장 한 장 넘기다 보면 우리의 이야기임을 발견하게 된다. 우리의 삶과 현실에 맞닿아 있는 이야기다. 어버이날 용돈과 함께 엄마에게 선물하고 싶은 마음이 들게 하는 시니어 그림책이다. 편안하고 아름다운 그림과 짧은 글귀로 우리의 일상을 덤덤하게 담고 있어, 여운이 오래 남는다.

그림책이 아니라면 이토록 다양한 주제와 창조적인 이야기를 만날 수 있을까? 작가의 예술적 고뇌가 고스란히 담긴 예술적 가치를 지닌 그림을 매번 내 것으로 경험할 수 있는 그림책은 우리의 건조한 삶에 축복과도 같은 선물이라는 생각이 든다.

내 아이의 유일한 장난감이었던 그림책

영유아기 교육에서 호기심을 북돋아주고 언어능력과 읽기능력을 키우는 데는 그림책 읽어주기만 한 것이 없다고 생각한다. 결혼 전, 미술교육 회사의 지사장으로 있으면서 아이들과 부모들을 직접 만나고 상담했는데, 심리적인 문제 성향을 보이는 아이들의 공통점을 알게 되었다. 그 아이들은 어떤 이유에서건 4세 이전에 주양육자인 엄마와 떨어져 지낸 경우가 많았다. 물론 엄마와 떨어져 지낸 아이 모두가 정서적 문제를 겪는 건 아니다. 그러나 문제 성향을 보이는 아이들은 대부분 엄마와의 유대감이 충분하지 못했다는 것을 확인할 수 있었다.

그래서 나는 내 아이가 적어도 네 살이 되기 전에는 절대로 다른 직업을 갖지 않고 아이 곁에 있어주어야겠다고 다짐했었다. 그런데 딸아이가 두 돌이 지날 때쯤, 남편의 사업 실패로 극심한 생활고를 맞았고, 하루하루 힘든 시간을 보내게 되었다.

어려움에도 불구하고 네 살까지는 아이 곁에 있어주겠다는 딸아이와의 약속을 반드시 지키기로 했다. 힘든 나날이었지만 아이한테만큼은 밝은 환경을 위해서 힘든 내색하지 않으려고 최선을 다했다. 아이를 위해 사둔 창작 그림책 120권은 아이에게 풍요로운 인성의 씨앗을 뿌려주었다. 그림책을 읽어주는 시간이 딸과 내가 유일하게 소통하는 시간이었고, 아이와 책을 읽어주는 동안에는 힘든 현실에서 잠시 벗어날 수 있었다.

아장아장 걷기 시작하던 아이의 머리맡에는 밤낮으로 항상 책이 쌓여 있었고, 아이는 아침에 눈을 뜨자마자 책을 읽어달라고 내밀었다. 나는 어떤 경우에라도 책을 읽어주고 나서 집안일을 하곤 했다. 거실에는 언제나 책이 여기저기 놓여 있었고, 내가 바쁘게 일하는 동안 아이는 혼자 책을 갖고 블럭처럼 쌓기도 하고 책을 세워서 도미노처럼 쓰러뜨려보기도 했다.

또 혼자서 책을 펼쳐보며 혼자 웅얼거리기도 하고, 지루하면 베고 자기도 하면서 혼자서도 곧잘 놀았다. 책을 이용해 몸으로 노는 놀이도 무궁무진할 수 있다는 걸 그때 알았다. 당시 집의 경제상황은 좋지 못했지만, 그 불행한 환경이 오히려 아이가 책을 친근하게 느끼고 항상 가까이할 수 있었던 계기가 되기도 한 것이다.

잠자기 전에는 항상 읽고 싶은 책을 몇 권이라도 선택하게 해서 아이가 잠들기 전까지 읽고 또 읽어주었다. 어떤 때는 금방 읽었던 책을 또 읽어달라고 조르기도 했는데, 그러면 나는 이번이 마지막인 것처럼 온 힘을 다해 좀 더 재미나게, 또 다른 버전으로 목소리를 바꿔가며 읽어주었다. 아이도 이야기에 흠뻑 빠져 눈으로는 그림을 보며 함께 읽었다.

이후 아이와 언어적 소통이 될 즈음이 되자 아이와 함께 책을 읽으며 “다음에는 어떤 이야기가 연결될 거 같아?”, “토끼의 기분은 어떨까?”, “너라면 어떻게 했을까?”와 같은 질문을 던졌다. 그런 과정을 통해 아이의 감정을 알아보고, 대화를 나누며 좀 더 세심하게 체크하게 되었다. 평소에 아이 마음을 살필 기회가 많지 않은데, 그림책을 통해 내 아이의 감정에 대해 더 잘 알 수 있었다. 또 어린이집을 보내지 않았지만 그림책에 나온 소재를 가지고 미술 놀이로 연계해 집에서도 아이와 많은 것을 함께했다.

그런 시간들이 쌓이자 따로 한글을 가르친 적이 없었는데도 아이는 자연스럽게 세 살이 되면서 존댓말과 다양한 어휘를 사용할 줄 알게 되었다. 어느 날 마트에서 장을 보는데 카트에 탄 우리 아이가 존댓말로 또박또박 말하는 것을 보며 “우와! 너 몇 살이니? 크게 될 거 같은데, 악수 한 번 하자!”라며 악수를 청하는 아주머니도 계셨다. 아이의 언어능력이 일찌감치 발달했다는 것을 실감했던 날이다.

그렇게 이어진 그림책 읽어주기의 효과는 계속되었고, 초등학생이 된 딸아이는 일기를 쓸 때에도 칸이 모자랄 정도로 길게 글을 썼으며, 담임선생님으로부터 글을 재미있게 쓴다는 칭찬도 받았다. 공감능력도 좋아 친구들에게 인기가 많았고, 교우관계도 원만했다. 매사에 도전적이고 적극적인 아이로 성장해주었다. 초등 고학년이 되어서는 자신의 생각을 발표하는 것에 주저함이 없었고 리더십을 발휘하는 전교회장이 되었다. 또래보다 빠른 언어능력과 리더의 성향은 어릴 때부터 그림책을 시작으로 질문과 대화를 생활에서 실천한 덕분이라고 확신한다.

그림책으로 공부머리 키우기

수많은 뇌과학자들은 취학 전 아동에게는 감정과 정서 능력을 집중적으로 키우라고 권고한다. 어린 시절부터 지나치게 공부를 시켜서 학습 스트레스가 강하게 지속되면, 안타깝게도 대뇌 변연계의 이상으로 뇌에 돌이킬 수 없는 손상을 입게 되는 경우도 있다. 그 결과 초등 고학년이나 중학생이 되면 학습에 더욱 무기력해지고, 읽고 이해하는 것을 어려워하며, 점점 더 공부를 못하게 되는 부작용을 초래한다고 경고한다. 수많은 연구가 말해주는 것은 영유아기 아이의 뇌는 과도한 학습을 할 준비가 안 되어 있다는 것이다.

내가 엄마가 되어서 육아를 경험하며 알게 된 것은 그림책 읽기가 아이의 인지, 정서, 생각하는 힘을 길러주는 데에 있어서 매우 효과적인 교육법이라는 것이다. 모든 엄마들은 책을 통해 아이가 지혜롭고 내면이 강한 아이로 살아가게 되길 바랄 것이다. 하지만 그런 바람과는 다르게, 초등 고학년으로 갈수록 책을 좋아하는 아이는 주변에서 찾아보기 드문 것이 현실이다.

《공부머리 독서법》의 저자인 최승필은 그림책을 많이 읽지 않은 아이는 초등 저학년 수준의 글로 된 책을 어려워하고, 간단한 글 책(그림보다 글이 많은 책)을 충분히 읽지 않은 아이는 초등 고학년 수준의 글 책을 버거워한다고 했다. 이 과정에서 아이들은 읽기의 위기를 겪게 된다는 것이다. 그것은 중고등학교에 가서 교과서를 이해하는 능력과도 직결되고, 초등 우등생의 70~80퍼센트가 성적이 떨어지는 원인이기도 하다고 분석했다. 또 단순히 책을 좋아하지 않는 것에서 그치는 것이 아니라 학업성적도 떨어지기 시작한다는 것이다.

독서습관이 안 잡힌 아이들을 잘 관찰해보면, 아이 때 그림책 읽기 연습이 제대로 안 되어 있다. 반면 초등학교 이전에 좋은 그림책을 많이 읽은 아이들은 글에 대한 이해도가 높아 학업성적도 좋아진다고 많은 독서 전문가들은 조언한다.

제대로 된 교육방법을 가지고 계획을 세워 그림책을 읽어주면 아이들은 재미있게 책을 만나고, 자연스레 책 읽는 습관이 자리 잡게 된다. 하지만 책을 읽도록 무조건 강요하면 안 된다. 강요는 아이가 책에서 멀어지게 하는 가장 큰 이유다.

또 "저런 책은 읽으면 안 돼! 이런 책을 읽어야 해!"라고 말하는 것은 아이의 취향을 믿지 못하는 것이다. 부모로부터 자신의 취향을 인정받지 못한 아이는 어디에서도 자신감을 갖고 취향을 드러내지 못하게 된다. 그러므로 아이가 책을 읽게 하고 싶다면, 자기가 읽고 싶은 책을 읽도록 해야 한다. 부모와 아이가 책을 통해 교감하고 가까워지는 시간이 되길 바란다.

유대인의 하브루타식 그림책 읽기

책 읽기의 기본이 되는 그림책

4차 산업혁명 시대를 살고 있는 우리 아이들이 기계가 대신할 수 없는 '생각하는 힘'을 기르기에는 책 읽기보다 좋은 방법이 없다. 학부모라면 누구나 알고 있는 내용이다.

아이들이 태어나서 가장 처음 만나는 책은 그림책이다. 그림책은 우리 아이 책 읽기의 기본이 된다. 그림책을 잘 읽은 아이는 책 읽기를 좋아하는 어른으로 성장한다.

그림책 읽기는 공부머리를 키우는 것은 물론, 거기에서 한 단계 더 확장된 생각하는 힘을 키워준다. 아이들은 그림책을 통해 다양한 창조적 예술을 경험하고 생각하는 습관을 기르게 된다. 특히 그림책과 미술교육을 접목하면 그림책을 통해 영감을 얻고, 미술도구와 재료를 활용해 그림책의 스토리를 내 것으로 이미지화하는 연습을 하게 된다. 그림책 작가들이 사용한 독창적인 일러스트나 화법

등을 통해 자신도 다양한 재료들을 응용하거나 표현하다 보면 자신만의 문제해결력과 응용력이 길러진다.

이렇게 그림책으로 텍스트와 이미지를 아동의 눈높이에 맞는 도구를 사용해 최대한 활용하는 과정이 바로 그림책을 모티브로 하는 하브루타 미술교육이다. 책을 덮으면 재미있는 그림책도 곧 잊힐 수 있다. 그러나 아이들은 질문과 대화로 책의 이야기에서 한층 더 깊이 들어가게 되며, 직접 그림을 그리고 인물을 디테일하게 표현해 내면서 더 깊숙이 공감하고 느끼게 된다.

이스라엘 초등학교의 미술시간

한국에서 태어나 대학을 졸업한 뒤 프랑스로 유학을 갔다가 그곳에서 유대인 남편을 만나 지금은 이스라엘에서 두 아이의 엄마로 바쁘게 살고 있는 분이 있다. 내 남편의 일과 관련해 이스라엘에 갔을 때 그분이 통역과 안내를 도와주었던 것이 계기가 되어 인연을 맺게 되었다. 당시 남편은 이스라엘의 초등학교와 중고등학교의 교육을 취재해야 했는데, 감사하게도 그분께서 이스라엘 교육부 차관에게 직접 연락을 취해 촬영협조를 부탁하는 등 세심하게 도와주어 무사히 진행할 수 있었다.

평소 유대인 교육에 관심이 많았던 나는 그분에게 아이들의 교육과 관련한 다양한 이야기를 전해들을 수 있었다. 어느 날 그분께서 이스라엘 초등학교의 흥미로운 사진 몇 장을 보내왔다.

그림 4-1 이스라엘 공립초등학교의 미술시간에 선생님이 그림책을 읽어주는 모습

사진은 선생님이 그림책을 읽어주고, 아이들은 편안한 자세로 이야기에 귀를 기울이고 있는 모습이다. 선생님은 그림의 세세한 설명에서부터 책을 읽는 중간 중간 질문도 한다. 그런데 이 수업은 뜻밖에도 미술 수업이라고 했다. 책을 읽고 책의 내용을 미술적인 다양한 방법으로 표현하는 미술시간이라는 것이다. 아이들은 수업 후 책이 재미있으면 자유롭게 빌려갈 수도 있다고 한다.

나는 그림책을 모티브로 활용하는 그들의 미술교육 현장이 매우 놀랍고도 반가웠다. 그 방법은 오랫동안 내가 내 아이와 미술교실에 오는 아이들에게 적용해왔던 방식이었다. 그 미술시간의 모습은 내가 추구하고 진행했던 교육방법과 같았던 것이다. 언어와 문화는 다르지만, 그런 수업이 교육계의 시스템 안에서 이루어지고 있는 모습도 매우 인상적이었다. 또 우리 아이들에게 내가 할 수 있는 최선을 다했던 것이, 그 가치를 입증 받은 것 같은 자부심에 더욱 기쁜 순간이었다.

잠들기 전 유대인의 그림책 읽어주기

앞에서도 이야기했지만 유대인 교육의 핵심은 독서와 토론이다. 유대인뿐 아니라 대부분의 유럽 선진국에서도 아이들은 책과 친해진 상태에서 학교에 입학하게 된다.

유대인의 '베드 타임 스토리'는 우리에게도 잘 알려진 문화이다. 잠들기 전에는 아이의 집중도가 매우 높아진다. 잠자기 전에 부모가 그림책을 읽어주는 시간은 하루 중 유일하게 서로의 눈을 마주하며 따뜻한 체온을 느끼는 소중한 시간이 된다. 부모의 편안한 음성으로 안정감을 느낀 아이는 행복감마저 느끼게 되고, 이는 아이의 긍정적 정서 함양에 매우 큰 영향을 준다.

이렇게 잠들기 전에 책을 읽어주는 것은 이미 우리나라 부모들도 많이 실천하고 있다. 그러나 책을 읽어주는 방법에서 유대인과는 차이가 있다. 유대인들은 단순히 책을 읽어주고 끝나는 것이 아니라, 하브루타 교육법을 적용해 질문하고 대화하는 과정을 빠뜨리지 않는다.

사실 하브루타는 그리 거창하고 어려운 것이 아니다. 부모와 아이가 서로 그림책의 그림을 보고 주거니 받거니 이야기를 나누면서 질문하고 대화하면 된다. 엄마의 익숙하고 편안한 음성은 오감을 통해 적절한 언어 표현법을 간접적으로 배우는 계기가 된다.

유아기·아동기에 언어를 빠르게 입력하고 적절한 언어적 자극에 노출할 기회가 많아지면 아이의 뇌는 언어를 스펀지처럼 흡수한다. 언어능력이 향상되면 아이는 표현력도 풍부해지고 타인과의 소통능력도 좋아진다. 의사소통을 자연스레 터득한 아이는 성인이 되어서 인간관계에서도 원활한 삶을 살게 된다. 또 늘 부모와 함께 자연스레 책을 접해 책과 친해진 아이는 초등학교에 가서도 책을 가까이 하며, 책 읽기를 부담스러워하지 않는다.

무엇을 가르치려 하지 말고 즐거움을 발견하도록 아이의 감정을 자연스레 따라가다 보면 아이는 질문을 하게 된다. 그러면 "네 생각은 어떠니?"와 같이 부모도 질문하면서 읽어나간다. 그 과정에서 그림책의 이야기는 전혀 다른 방향으로 확장되기도 하고, 상상의 세계는 더 넓게 퍼져간다. 또 부모가 아이의 감정을 공감해주고 그것이 반복되면, 아이는 더욱 그림책의 세계에 빠진다. 그림책 속의 색채와 형태, 그림으로 전하는 이야기를 자신과 동일시해 받아들인다.

창의성과 미적 감각을 키우는 그림책 선정법

그림책 고르기

읽기는 머릿속에서 이루어지는 복잡하고도 정교한 활동이다. 따라서 그 과정을 구체적으로 드러내 표현하기는 매우 어렵다. 하지만 그림책을 활용한 하브루타 미술에서는 그 과정을 다시 시각적으로 풀어낸다. 복잡한 머릿속을 한 장의 작품으로 표현할 수 있다는 것이 하브루타 미술의 매력이다. 읽고 생각하고 그리는 한 장의 그림은 자신의 내면을 바라보게 한다. 하브루타 미술에서는 그림책으로 아이들의 심미안을 끌어내고, 그림책을 활용해 그림 그리기를 지도하며, 완성된 작품으로 함께 소통하고 감상한다. 아이 한 명 한 명이 그림책을 통해 자기 삶의 주인공으로 성장할 수 있도록 돕는다.

그림책을 선택할 때는 스토리가 비슷하다면 그림이 창의적이거나 예술적 감동이 있는 책을 선택하는 것이 좋다. 시각적으로 수준 높은 이미지는 갤러리에 온 듯한 놀라움과 감동을 주고, 아이 자신도 자극을 받아 세련된 감각과 독특한 표현법을 익히게 된다. 그림의 표현법을 깊이 있게 감상하면서 자기가 주체가 되어 미술작품으로 표현해내는 과정에서 시각과 생각이 발전하고, 생각하는 힘이 발휘된다.

반면 지식을 전달하는 그림책이나 디즈니 그림책은 하브루타 미술 수업에는 적절하지 않다. 애니메이션이나 실사 이미지에서는 예술적 감동을 받기가 어렵다. 그림책이 주는 그림의 감동에는 부합되지 않는다. 그림책은 글과 그림으로 감동을 주는 책으로, 좋은 그림책이 따로 존재하듯 그림책 선택 기준이 따로 있다. 나는 다음의 세 가지 방법을 추천한다.

아이가 재미있어 하는 그림책이 좋다

아이가 재미있어 하고 흥미로운 책이 좋다. 그림이 좋으면 시각적으로 매료되어 아이들의 흥미도가 순간적으로 올라간다. 하지만 내용이 재미없다면 곧 집중도가 떨어지므로 생각을 끌어내어 확장시키기 어렵다. 그림이 아이의 시각을 집중시키지 못한다 하더라도 흥미로운 스토리는 아이를 집중하게 할 수 있다. 또 원작의 일러스트와 다른 미술 기법과 재료를 이용하면 얼마든지 수업에서 집중력을 발휘하도록 하는 것이 가능하다.

우리나라 그림책 역사상 최고의 베스트셀러인 권정생의 《강아지똥》은 초등학교, 중학교 교과서에도 수록된 책이다. 아무 데도 쓸모

없는 강아지똥이 민들레꽃을 피우는 소중한 기쁨이 된다는 매우 감동적이고 교훈적인 이야기다. 이 책을 통해 아이들 자신도 소중한 존재임을 알게 된다.

《강아지똥》, 권정생 글, 정승각 그림, 길벗어린이, 1996

'똥'은 아이들이 재미있어 하는 매우 흥미로운 소재다. 책 내용이 재미있고 아이들의 시각으로도 이해하기 쉬운 글과 그림 덕분에 유치부 아이들도 진지하고 재미있게 읽을 수 있었다. 아이들은 민들레를 껴안고 빗물에 녹아내리는 강아지똥을 보며 다양한 표정을 보여준다. 강아지똥의 눈물을 안타깝게 바라보고 가슴 뭉클해하기도 한다. 이 책은 아이들이 재미있어 해서 반복해서 읽어달라고 요청할 정도였다. 한국적인 정서를 담은 잔잔한 수채화풍의 그림 또한 매우 서정적이고 아름답다.

출판사의 소개글에는 이 책에 대한 작가의 애정과 그림 작가의 노고가 고스란히 담겨 있다. 작가의 예술혼이 담긴 그림이 탄생하는 과정도 글만큼이나 감동적이다.

그림작가 정승각은 '강아지똥' 이야기에 깊은 감동을 받고 '강아지똥'에 담긴 소중한 의미를 그림책으로 표현해보기로 하였습니다. 권정생 작가는 그림책에 맞게 글을 다듬었고, 정승각 작가는 "강아지똥이 되어야 강아지똥을 그릴 수 있다"며 스스로 강아지똥이 되기를 마다하지 않았습니다. 작가가 처음 강아지똥을 보았던 돌담을 수 차례 찾아가서 영감을 떠올렸고, 강아지가 똥 누는 모습을 관찰하기 위해 강아지 뒤를 4개월 동안 졸졸 따라다니기도 했지요. 그 후 강아지똥의 모형을 찰흙으로 본뜨고 밑그림을 그리는 데 2개월, 다시 오랜 시간 바라보며 마침내 강아지똥이 작가의 마음속에서 살아 움직이는 느낌을 받고 나서야 붓을 잡아 그림을 그렸습니다. 또 비 맞는 강아지똥을 그리기 위해서 직접 비를 맞기도 했습니다.

– 출판사의 책소개 글 중

그림책을 아이들의 미술수업으로 연계할 때는 이처럼 이야기가 재미있고 그림도 좋은 책이 가장 이상적이다. 책의 일러스트를 통해 영감을 얻고, 아이들이 도전하기 쉬운 정도의 미술수업을 구상해 체험하게 한다.

이때 가장 중요한 것은 아이가 자기만의 스토리를 생각해낼 수 있도록 하는 것이다. 아이들은 100명이면 100명 모두 다른 이야기를 펼칠 수 있다. 그림체나 표현 방법은 크게 중요하지 않다. 어차피 5~7세의 아이들이 원작의 그림처럼 표현하는 것은 무리일 수밖에 없다. 따라서 부모나 교사가 그림도구와 재료를 미리 준비해 줘도 무방하다.

다음은 새로운 기법으로 그림책의 내용을 표현해볼 수 있도록 내가 수업에 적용한 두 가지 기준이다.

첫째, 아이들이 쉽게 표현 가능한지 살피고 새로운 재료로 흥미와 집중력을 발생시키는 것이다. 아직 형태 표현이 서툰 아이들도 도전하기 쉬운 기법으로 표현하게 한다.

둘째, 그림책 속의 이야기 소재를 이용해 원작과 다르게 표현해 볼 수 있게 한다.

아이들은 마지막 부분에 등장하는 민들레에 대해서 씨앗으로 날아가기 전의 솜털 같은 민들레 홀씨를 더 많이 이야기했다. 그래서 민들레를 관찰하고, 하얀 홀씨를 효과적으로 표현하기 위해 검은색 종이를 사용해 흰 물감과 흰 펜으로 세밀하게 그리도록 했다. 아이들은 상상력을 더해 사고의 폭을 넓히고, 아이마다 민들레 꽃밭을 소재로 자신의 스토리를 만들어낼 수 있었다.

"친구와 함께 입으로 불어서 민들레 홀씨를 누가 멀리 날려 보낼지 시합했어요!"

"바람이 너무 많이 불어서 입으로 불지 않고 바라만 봐도 씨앗이 날아가고 있어요, 나는 바람에 날아갈까 봐 나무를 꽉 잡고 있어요."

동일한 그림책 한 권으로 아이들마다 각자 즐거운 경험과 상상으로 서로 다른 이야기를 쏟아내주었다. 이렇듯 아이가 자발적으로 참여하고 생각하게 하려면 무엇보다 재미있는 책을 선택해서 진행해야 한다.

아이의 마음을 읽을 수 있는 책이 좋다

그림책이 주는 즐거움 중 하나는 마음껏 상상을 할 수 있다는 것이리라. 아이는 책을 읽고 그런 자신의 마음을 꾸밈없이 표현하기도 한다.

따라서 아이의 생각이나 심리를 드러낸 책을 선택하면, 함께 읽고 그림을 그리는 과정에서 아이를 더욱 세심하게 관찰하게 되어 좋다. 책을 통해 아이의 감정을 공감하며 유대감을 쌓고 아이와의 신뢰감을 높일 수 있으며, 한 장의 그림으로 아이의 마음을 읽을 수 있어서 더욱 좋은 수업이 된다.

앞서 소개했던 권자경의 《가시소년》이나 유명금의《태엽아이》, 또는 레비 핀폴드의 《블랙독》을 활용한 미술활동 사례가 여기에 속한다. 아이의 내면을 알아채기에 매우 좋은 그림책들이다.

우리 아이의 내면 성장을 담은 책

책의 표지만으로도 이 책이 의미하는 바를 알 수 있다. 누구나 마음속 가시를 감추는 방법과 다스리는 방법을 터득하게 하는 내적인 성장을 담은 책이다.

《가시소년》, 권자경 글, 송하완 그림, 리틀씨앤톡, 2014

아이들에게 "가시소년이 될 때는 언제일까?"라는 질문을 하자 아이들은 숨겨둔 이야기를 꺼내놓기 시작했다.

"엄마 아빠랑 싸울 때요."

"엄마가 싫어하는 야채를 자꾸 먹으라고 하면 가시소년이 돼요."

"친구가 제 물건을 뺏을 때 가시가 나오려고 해요."

"더 자고 싶은데 아침 일찍 깨울 때요."

이렇게 서로 다른 상황에서 가시소년이 되는 아이들의 그림을 통해 부모도 아이의 마음을 보듬고 소통할 수 있는 계기가 된다.

바쁜 우리의 삶을 돌아보게 하는 책

이 책의 줄거리는 "빨라야 이길 수 있다고?"라는 물음을 아이들 스스로에게 던지게 한다. 인터넷 세계 1위, 넘쳐나는 패스트푸드, 뭐든지 빠른 것이 좋은 시대에 또다시 '빨리빨리'를 외치는 우리들의 모습을 돌아볼 수 있다.

《태엽아이》, 유명금 글 그림, 책고래, 2018

태엽아이는 더 빨리 움직이기 위해 태엽을 감는다. 태엽아이를 보며 아이들은 자신의 모습을 떠올린다.

"내가 태엽아이라는 생각이 들 때는 언제일까?"

"태엽을 떼어내면 어떤 일이 생길까?"

작가는 아이들에게 용기 내어 태엽을 떼어보라고 전한다. 조금 늦어도, 천천히 가도 큰일나지 않는다는 것을 일깨운다. 우리는 지금도 우리 아이에게 태엽을 감고 있지는 않은가? 어른인 우리들도 반성하고 돌아보게 하는 좋은 그림책이다.

두려움에 맞서는 용기를 주는 책

《블랙독》, 레비 핀폴드 글 그림, 북스토리아이, 2013

어느 날 호프 아저씨네 집에 나타난 검둥개를 통해 두려움과 용기에 대해 생각해보게 하는 이야기다. 검둥개 앞에서 가장 용감했던 작은 꼬맹이의 모습에서 우리도 용기를 얻는다. 두려움은 우리의 생각이 만들어낸 것이고, 용기를 내면 극복할 수 있다는 교훈을 전해주며 정교하고 따뜻한 일러스트가 감동적이다.

"계속 도망치고 싶은 두려운 것은 무엇일까?"

"두려움은 작아지나요?"

"어떻게 하면 좋을까?"

이런 질문들에 아이들은 상상력을 동원해 "작은 개미가 되었어요!", "그냥 귀여운 강아지예요"라고 대답한다.

아이들은 이 시간을 통해 우리가 두려워하는 것들을 실제로 마주하게 되면 생각보다 두렵지 않다는 것을 깨닫고, 책 속의 꼬맹이처럼 생각을 바꾸고 두려움에 맞서는 용기를 배우게 된다.

일러스트가 독창적인 책이 좋다

그림책을 선택할 때는 그림이 단지 텍스트의 보조수단이 아니라 하나의 일러스트레이션을 통해 다양한 이야기를 읽어낼 수 있는 것이 좋다. 이것은 그림책을 창의력을 키우는 예술적인 미술활동으로 연계할 때 특히 기억해야 할 선택 기준이다.

아이들은 독창적인 작품을 많이 보면 볼수록 아이디어와 다양성이 확장된다. 좋은 작품을 보는 안목이 높아지게 되는 것이다. 기존의 작품을 끊임없이 응용하고, 이야기에 꼬리를 달아 나만의 이야기로 완성해내는 과정이 반복된다. 그 조밀한 과정을 반복하면서 새로운 발견을 하고 그 과정을 통해 생각하는 힘을 기를 수 있다.

여름의 열기 표현하기

《맴》은 여름을 생각나게 하는 그림책이다. 여름의 열기를 검정과 빨강의 제한적 색으로 더 강렬하게 표현했다. 하늘을 찌르는 매미 소리, 뜨거운 여름날, 이어진 소나기. 여름을 떠오르게 하는 소재를 적절하게 조화시켜 책을 보는 순간 아이들로부터 "여름이다!"라는 감탄사가 터져 나올 만큼 그림만으로도 재미있는 책이었다.

《맴》, 장현정 글 그림, 반달, 2015

작가는 예술적 표현을 위해 강한 붉은색과 대비되는 검정색을 사용했다. 강렬함을 드러내기 위해서는 작가의 일러스트 기법처럼 색감을 두 가지 정도로 제한해 감각적으로 색감을 익혀볼 수 있도록 하는 것도 좋다.

아이들도 그림의 이미지에서 영감을 받아 여름의 이미지를 원작

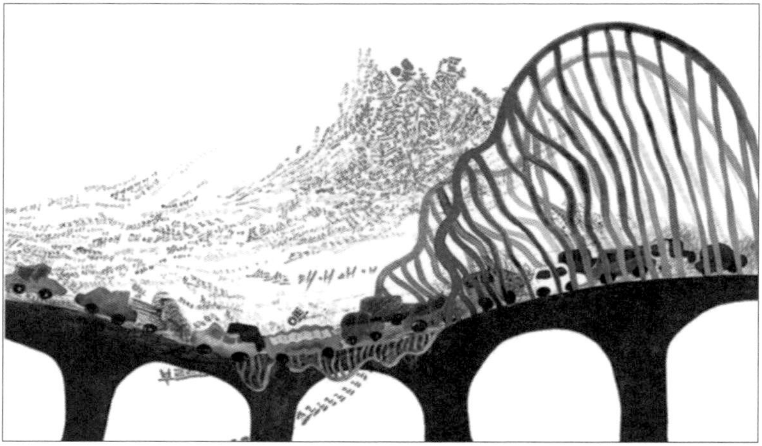

그림 4-2 그림책 《맴》 본문에 나오는 일러스트

의 느낌처럼 표현해보는 시간을 가졌다. "여름 하면 떠오르는 것들은 무엇이 있을까?"라는 질문을 통해 아이들이 겪은 여름의 뜨거움을 이미지화할 수 있다. 이글거리는 건물과 고속도로, 땀 흘리는 시뻘건 얼굴 등 서로 다른 더위 표현이 아주 재미있었다. 아이들은 그림만으로도 숨이 막힐 듯 더운 여름을 기가 막히게 표현했다.

손뜨개의 자극

《실 끝에 매달린 주앙》, 로저 멜로 글 그림, 나미북스, 2014

그림책 《실 끝에 매달린 주앙》은 2014년 아동문학의 노벨상이라 불리는 한스 크리스티안 안데르센상을 수상한 브라질의 세계적인 그림동화 작가 로저 멜로의

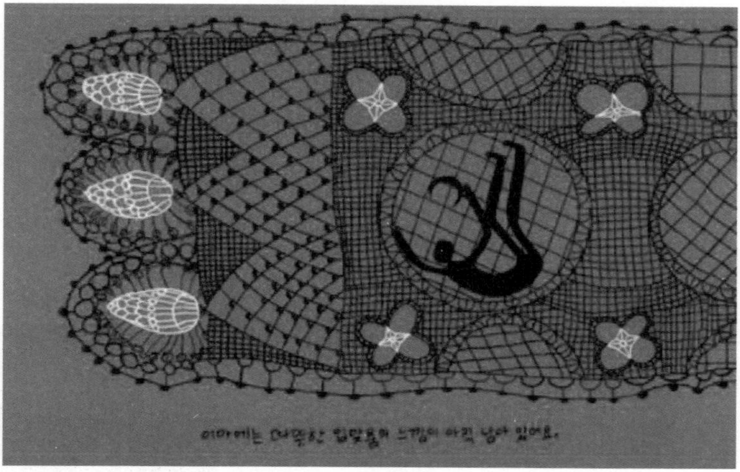

그림 4-3 그림책 《실 끝에 매달린 주앙》 본문에 나오는 일러스트

대표작이다.

빨간색을 주로 사용하고 검은색과 흰색을 사용해 시각적인 독창성을 표현했으며, 강렬한 색채만큼이나 독특한 이야기가 전개된다. 주인공 주앙의 상상력으로 수없이 변화하는 손뜨개 이불은 아이들의 상상력을 자극하기에 충분하다. 손뜨개 이불의 무늬는 바다가 되기도 하고 호수가 되기도 한다. 커다란 물고기가 그물에 구멍을 내기도 하고, 실이 풀어지며 온갖 낱말이 되기도 한다.

아이들은 "꿈나라에 가기 전 어떤 상상을 할까?"라는 물음에 모두 자기만의 상상 세계로 빠져든다. 또 책 속 주앙의 상상에 따라 다양하게 변화하는 이불처럼, 반복되는 패턴 속에서 정교한 선의 표현을 경험해보며 아이들은 자신만의 이야기가 담긴 근사한 이불을 완성한다. 징검다리를 건너듯 이어지는 이야기와 이야기 사이를 상상력을 통해 연결해서 자신만의 이야기를 만들 수 있는 책이다. 덕분에 여러 갈래로 뻗어나갈 수 있는 이야기를 통해 열린 상상력을 기르고, 스스로 생각하는 힘을 키우도록 도와준다.

흑백 판화기법의 독창적 표현

그림책 《하이드와 나》는 판화기법의 흑백으로 표현된 독창적인 그림책으로 내 속의 또 다른 나를 찾아가는 내용이다. 작가는 이 책을 통해 영국 일러스트레이터 협회(AOI, The Association of Illustrators)에서 주관하는 '월드 일러스트레이션 어워드 2016'에서 뉴 탤런트 책부문 수상과 최고상을 수상했다.

《하이드와 나》, 김지민 글 그림, 한솔수북, 2017

작가는 무채색의 흑과 백이라는 중심색을 사용해 우리 안의 빛과 어둠을 상징하고, 우리 자신을 비추는 거울 속의 나를 표현했다고 한다. 때때로 복잡한 미로 같은 우리의 내면을 표현하고자 '거울의 방'을 설정했다. 거울 속의 내면은 고정된 모습이 아닌 여러 가지 변형된 모습으로 마주하게 되며, 그 안에 또 다른 나의 모습을 시각적으로 형성했다.

작품은 그림이 아닌 동판화의 기법을 사용해 더욱 다양하고 풍성한 흑백의 대비가 아코디언처럼 펼쳐지는 효과로 깊이를 더한다. 글의 내용뿐 아니라 작가가 의도한 흑백 대비의 풍성함을 위해 입체

그림 4-4 그림책 《하이드와 나》 본문에 나오는 일러스트

적으로 독특하게 제작된 책은 획기적이며 영감을 주기에 충분했다. 이 책을 처음 만났을 때 나 역시 너무도 창의적이고 현대적인 매력에 푹 빠져, 한참을 보고 또 보았던 기억이다.

책을 읽은 후 아이들과 판화로 자화상을 표현해보는 시간을 가졌다. 다소 묵직한 주제이긴 하나 자신의 모습을 깊이 바라보는 시간으로 접근했다. 거울 효과를 내기 위해 판화로 인쇄된 자화상을 잘라서 조각들로 만들고, 거울처럼 표현했다. 이런 기법을 통해 아이들은 자신의 모습을 새롭게 발견할 수 있었다.

위에서 소개된 책들 외에도 독특한 색의 조화만으로도 아이들의 눈을 사로잡는 책은 예술적 영감과 세련된 미적 감각을 익히기에 좋다. 무채색의 세련된 컬러를 쓰거나 원색의 화려함으로도 독창성을 발휘할 수 있다. 또 펜화, 붓, 연필, 마커, 볼펜, 목탄, 콩테, 파스텔 등 날카롭거나 뭉툭하거나 부드럽거나 섬세한 다양한 도구를 사용해 각각의 특징이 돋보이도록 할 수 있다. 화지의 크기가 길거나 원형이거나 병풍같이 접히는 등 고정관념을 흔드는 다양한 미술의 도구를 사용한 표현법들도 생각하는 힘을 자극한다.

전 세계의 다양한 그림책들 중에는 글과 그림이 조화롭고 독창적인 작품이 많으며, 각기 다른 그 나라만의 독특한 문화가 녹아 있다. 따라서 더 많은 다양성과 독창성을 접할 수 있는 그림책을 선택하는 것이 좋다. 창의력 향상을 가져오는 미술교육을 위해서는 이 외에도 연령별, 개인별 인지수준을 고려해 그림책을 선택한다. 부모는 일주일에 한 번 정도는 아이와 함께 도서관을 가거나 서점의 신간 코너를 둘러보면서 직접 책을 골라보는 것이 좋다.

부모나 교사가 천천히 그림책을 읽어보고 아이가 창의적으로 발상할 수 있도록 '좋은 질문'을 연구하고, 순간순간 떠오르는 질문들은 메모로 기록해두었다가 그림으로 표현할 때 방향을 잡아주면 아이는 최고의 미술시간을 가질 수 있을 것이다. 그림책 속 그림은 내 아이의 미술 선생님이고, 가장 가까운 미술 갤러리다. 수많은 원화처럼 다양한 기법을 응용하고 경험해 보면 아이도 언젠가 자신만의 독보적 화풍을 개발하게 된다.

상상력이 발휘해 질문하며 그리기

그림책으로 진행하는 하브루타 미술교육

다양한 소재를 모티브로 그리고 만드는 창작수업은 창의적 사고력을 키우기에 매우 효과적인 교육법이다. 그림책을 읽고, 생각하고, 잊혀지는 것이 아니라 신체의 오감으로 그 그림책의 내용을 체득하고, 눈과 손의 세밀한 근육을 사용해 직접 창작물로 완성시키게 되기 때문이다. 그 과정에서 사고가 확장되고, 좀 더 기억 속에 오랫동안 남게 된다는 것도 장점이다. 특히 글이 익숙하지 않은 유아와 아동에게는 더욱 적합하다.

나는 그림책을 아이에게 매번 새로운 영감을 주는 창작 모티브로 삼고 하브루타 미술을 실천했다. 먼저 그림책 내용에 대해 천천히 생각하고 하브루타 질문을 만든다. 아주 쉬운 질문부터 상상력과 추론을 해야 하는 정도의 난이도로 점점 확장하면서 질문을 만든다.

아이와 질문 만들기 놀이를 통해서도 새로운 질문을 만들어본다. 엄마와 아이, 또는 교사와 아이가 서로 질문을 만들기도 하고 책의 내용과 이미지로 서로 번갈아가며 질문하는 것을 '질문놀이'라고 한다. 이때는 단답형 질문이 아니라 그림을 잘 살핀 뒤에 게임하듯 아이와 질문을 만들고 대화한다. 정답이 정해져 있지 않은 무한한 상상의 세계로 아이가 들어갈 수 있도록 하는 데 중점을 둔다.

예를 들어보자. 먼저 선정된 그림책을 집중해서 읽어준다. 책을 읽은 후에는 그림을 함께 관찰한다. 재미있는 그림이나 독특한 표현들을 함께 이야기하면 아이가 표지의 그림에서부터 흥미를 느낄 수 있다.

이때 "나비는 어디로 날아갔을까?", "나무 뒤에 숨은 동물은 무엇이었을까?" 등 내용에 대한 질문을 한다. 혹시 아이가 기억이 안 나거나 내용과 다른 대답을 한다고 해도 다그치기보다는 "아, 그렇게 생각할 수도 있겠구나. 네 생각도 너무 재미있는데!"라고 격려한다. 아이의 생각에 제한을 두지 않고 무엇이든 존중해야 한다. 그렇지 않으면 아이는 틀릴까 봐 염려되어 말을 안 한다거나 읽기에 흥미를 잃을 수 있다. 정답을 너무 강조하다 보면 아이가 긴장하게 되고, 긴장이 쌓이면 즐거움이 아닌 스트레스가 될 수 있기 때문이다.

그림책 읽기는 초반 15분 시작이 가장 중요하다. 확장 질문을 통해 생각 스위치를 켜고 상상의 나래를 편다. "내가 주인공이라면? 내가 작가라면 어떻게 생각할까?", "다른 방법은 없을까?" 등 그림책의 내용에서 시작해 자신만의 스토리를 만들 수 있게 한다.

7세 이전의 아이들은 대체로 책을 좋아한다. 간혹 아이가 그림책에 흥미가 없다면 '질문과 함께 책 읽기'를 추천한다. "지금부터 엄마가 이 책의 내용을 읽어줄게! 여기서 퀴즈 맞추기 게임을 하자. 잘 들어봐!"라는 식으로 진행하면 아이는 바짝 귀 기울여 집중할 것이다. 퀴즈를 맞히면 작은 보상을 해주는 것도 좋다. 어느새 책 읽기가 재미있는 놀이가 되어, 아이는 스스로 책을 꺼내 와서 읽어달라고 조르게 된다.

그림책으로 만드는 하브루타 질문

그림책은 내용이 길지 않기 때문에 질문을 만들 때는 전체적인 내용에서 점점 구체적인 부분으로 들어가며 질문하는 것이 좋다. 또 본문의 그림을 관찰하게 하는 질문도 좋다. 그림책을 이용한 질문의 사례를 보자.

《마음샘》, 조수경 글 그림, 한솔수북, 2017

《마음샘》은 자신의 내면을 들여다보고 나에 대해 생각해보는 철학적 주제의 그림책이다. 작가는 아이들이 자유롭게 상상하고, 깊이 고민하고, 신나게 꿈꿀 수 있는 그림책을 만드는 것 바람이라고 한다. 이 책은 자신의 모습을 동물과 샘으로 비유해 보여준다. 책을 읽고 교사나 부모는 누구나 가질 수 있는 의문인 "나는 누구일까?"라는 질문을 아이들에게 던진다.

우리 미술 수업에서는 자신의 외면과 내면을 특징이 강한 동물

그림 4-5 《마음샘》을 읽고 난 뒤 10세 리원이가 그린 그림

에 빗대어 표현해보기로 했다. 아직 선의 사용과 형태 표현이 서툰 7세 이전의 아동이라면 그리기의 부담을 덜어줄 콜라주 작업을 해도 좋다.

먼저 내면의 동물을 고르고, 동물의 사진이나 그림을 오려서 붙인다. 4~7세의 미취학 아동에게는 내면을 다룬 이 책의 내용이 다소 어려울 수도 있겠지만, 시각언어를 사용한 그림책의 특성상 아이들은 의외로 내면의 이야기를 쉽고 재미있게 읽어나간다.

8세 이상의 아이들은 동물의 형태를 구체적으로 그릴 수 있고 표현도 자유로운 편이다.

"나는 무엇을 좋아할까?"

"무엇을 할 때 행복할까?"

"그 동물이 좋은 이유는 무엇일까?"

"무엇을 할 때 힘들까?"

이렇게 자신에 대한 질문을 이어가면 아이도 무심했던 자신의 내면을 돌아보며 구체적으로 생각하게 된다.

그림 4-5를 그린 리원이는 갖가지 풀의 형태로 종이를 잘라 콜라주 기법으로 정글 숲의 이미지를 표현했다. 그런데 리원이는 질문을 나누다가 "선생님, 저는 원숭이를 닮은 것 같아요"라고 말했다. 공부도 악기도 영어도 다 잘하는 자신이 재주 많은 원숭이 같다고 밝은 표정으로 이야기했다. 그러더니 곧 다시 웃음기 사라진 얼굴로 "그런데, 마음샘에 비춰진 동물은 코알라 같아요"라고 하는 것이다. 이유를 물으니 자신의 내면은 가끔은 바보 같을 때가 많고, 그래서 아무것도 안 하고 나무에 매달려만 있는 코알라 같다고 생각했다고 한다. 이렇게 대화를 통해 아이의 마음 숲을 알게 되었다. 나는 아이가 스스로 생각하는 대로 바보 같은 면이 있어서가 아니라, 가끔은 그렇게 아무것도 안 하며 멍하니 매달려 있고 싶은, 코알라처럼 휴식이 필요하다는 마음을 담은 건 아닐까 하는 생각을 하게 되었다.

아이들은 이 수업을 통해 평소 알아차리지 못했던 자신의 다면성을 찾아보게 되었다. 자신을 존중하고 자존감을 확인해보는 시간도 가질 수 있었다. 아이들에게는 어쩌면 어려울 수 있는 은유적인 표현법을 그림책의 동물들에 비유해 자연스럽게 배우는 시간이 되었다. 한편 학교와 학원을 오가며 바쁜 아이들은 그림을 그리면서 자기가 무얼 좋아하고 싫어하는지 고민하며 자신을 알아가는 시간을 가질 수 있었고, 그림을 그리는 내내 그 자체만으로도 반짝반짝 빛났다.

유아기 때부터 글과 그림이 좋은 그림책 작품을 많이 감상하면 아이의 미적 안목은 높아진다. 또 미래를 준비하는 생각하는 힘도 길러진다. 하브루타 미술은 그림책을 모티브로 수업이 이루어지므로 자연스럽게 이런 과정이 이루어지며, 더 완성도 있고 예술적인 표현법도 배울 수 있다. 그림책을 잘 선정하고 부모가 조금만 준비한다면 경우에 따라서는 홈스쿨링도 가능하다. 다만 연령에 맞게 그림책을 정하지 않으면 아이들은 너무 어렵거나 쉬울 경우 흥미를 느끼지 못하고 집중력이 흐트러진다.

중요한 것은 아이들의 생각하는 힘이 폭발적으로 발달하는 골든 타임을 놓치지 말아야 한다는 것이다. 아이가 궁금한 것을 묻고 또 묻는 것이 때로는 힘들고 귀찮을 수도 있겠지만, 그런 질문들에 대답해주는 일도 길어야 5년이다. 아이의 5년, 이 시간은 한번 지나가면 다시 오지 않는다.

적용하기

그림책 《노란 장화》 독서 후 그림책 하브루타

그림책 《노란 장화》는 노란 장화를 신고 비 오는 밖에 나가보고 싶게 만드는, 왠지 기분이 좋아지는 책이다. 반복되는 장면 장면이 매우 기발하고, 발상의 전환을 유도하는 스토리도 매우 흥미롭다.

그런데 이 책에는 세 군데에 반전이 숨어 있다. 아이와 그 반전을 찾아보는 재미가 쏠쏠하다. 질문을 통해 아이가 어떤 생각을 할지 알아볼 수 있다.

《노란 장화》, 허정윤 글, 정진호 그림, 반달, 2015

1단계: 인지 질문(LQ)

간단한 인지 질문이고 단답형 대화가 가능한 질문이다.

- 장화는 언제 신으면 좋을까요?
- 장화의 색은 무슨 색이었을까요?

2단계: 내용 질문(MQ)

내용 파악을 위한 질문이다. 아이가 관찰해야만 찾을 수 있는 질문이다.

- 풀숲에 가서 보았던 건 무엇이었을까요?
- 그림을 잘 보면 누가 장화를 갖고 갔는지 알 수 있어요. 한 번 찾아볼까요?

3단계: 확장 질문(HQ)

아이가 독창적인 자기만의 상상력을 발휘하도록 하는 확장 질문이다.

- 장화와 비슷한 모양에는 무엇이 있을까요?
- 나무가 있는 곳에서 장화를 찾았나요?
- 장화는 어디로 사라졌을까요?
- 내 노랑 장화는 나를 무엇으로 변신시켜줄까요?

그림책의 내용에 대해 이해했다면 다음에는 내용을 주제로 삼아 미술로 연계한다. 미술 수업 시에는 다양한 재료를 이용해 작가의 그림기법을 재해석하는 방법과, 그림책과는 완전히 다른 기법으로 표현하는 두 가지 방법이 있다.

아이들에게 《노란 장화》는 매우 재미있고 쉬운 흥미로운 주제다. 색감과 재료를 다양하게 사용해 창의적인 상상력을 일으키기에도 좋다. 장화의 형태표현이 비교적 단조롭고, 산뜻한 색감도 아이들의 시선을 끌기에 좋다. 어떻게 작품활동을 진행할 수 있는지, 그 예를 살펴보자.

내 노란 장화는 어디에 있을까 하는 질문에 아이는 상상력을 발휘해 노란 장화를 어떻게 변신시킬지 자기만의 생각을 해낸다.

아이 아빠 노란 장화, 엄마 노란 장화, 아기 노란 장화예요.

선생님 아, 그렇구나! 장화 가족이네. 장화 가족은 무엇이 되었을까?

아이 나란히 꽃이 피는 화분이 되었어요.

선생님 재미있는 생각이구나! 장화 가족은 지금 무엇을 하고 있을까?

아이 꽃을 피우고 있어요. 나비와 달팽이도 그려줄 거예요.

선생님 우와! 귀여운 달팽이구나. 음, 비가 많이 와서 바닥에 물이 많구나! 달팽이는 괜찮을까?

아이는 잠시 머뭇거리다가 "다리를 그려주면 달팽이가 지나갈 수 있어요"라고 이야기하며 다리를 그려 완성했다. 아기자기한 아이다운 생각이다.

5세 시기의 아동에게는 손을 많이 쓰게 하는 활동이 좋다. 그림 4-6처럼 손가락을 사용해 검정 밀가루 풀로 동글동글 그려서 먹구

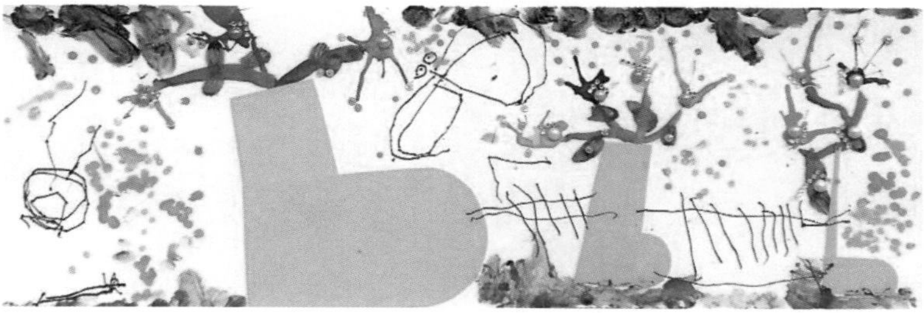
그림 4-6

름 낀 하늘을 표현하기도 한다. 비즈 스티커를 떼고 붙이는 작업도 손끝의 감각을 야무지게 발달시킬 수 있는 좋은 방법이다. 아이는 물감 불기, 핑거 드로잉 등 다양한 재료와 기법을 체험하면서 이 그림을 원작과는 다른 그림체로 그려냈다.

책에서 영감을 얻어
나만의 작품 만들기

그림책의 일러스트 탐색하기

그림책을 읽고 제각각 자신의 스토리를 만들었다면, 다음에는 그에 어울리는 미술 기법으로 표현한다. 먼저 그림책에서 사용한 일러스트 기법의 특징을 함께 탐색하며 표현법을 찾아낸다.

표현은 다양한 재료로 가능하다. 가령 클레이로 공주를 만들거나 나무토막으로 토끼를 만들어 인형극을 하며 창의적 활동을 이어갈 수 있다. 또 색종이나 잡지를 오려 붙여서 콜라주를 하거나 천, 쇠붙이, 나무조각, 모래 등으로 재구성한다.

도화지도 흰색 무지, 흑지, 크라프트지, 화선지, 수채화 패드 등 어울리는 종이를 선택한다. 화지 선택 후에는 수채화인지 판화인지, 또는 동양화인지 유화인지 아니면 조각 작업인지 등을 짚어주는 과정이 필요하다. 각각의 도구 사용에 따른 다양한 표현과 응용력을 키울 수 있다.

하브루타 미술 수업에서는 그림책 작가의 일러스트를 분석하고 응용하는 것에 큰 의미를 둔다. 그림책은 내용과 글에 가장 어울리는 표현 방법을 찾아 작가들의 고뇌로 완성된 작품이다. 특히 작가의 혼신이 깃든 일러스트는 그 어떤 예술 작품에도 뒤지지 않을 만큼 창작의 기폭제로 아이들에게 영감을 주기 때문이다. 수많은 작가들의 열정으로 완성된 예술 작품을 함께 경험해 볼 수 있는 것이 내가 그림책을 미술의 도구로 선택했던 이유다.

그림을 잘 그리고 못 그리고는 중요하지 않다. 아이들이 자신이 생각하는 바를 작가의 일러스트 기법으로 경험해보는 것만으로 충분하다. 그림책의 다양한 일러스트 기법을 미술 수업에 응용한 사례를 소개한다.

• 스텐실 기법과 불투명수채화

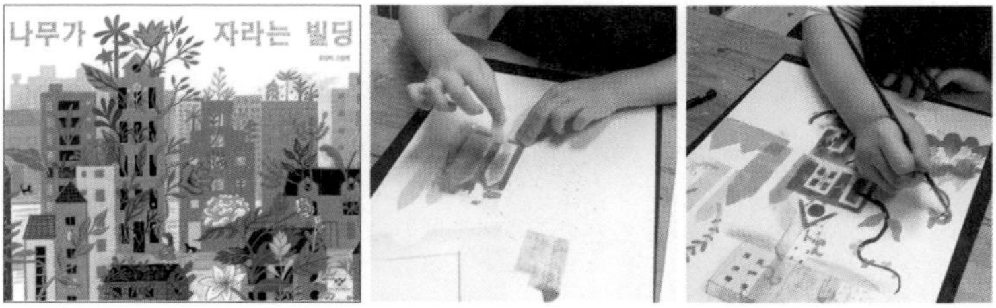

《나무가 자라는 빌딩》, 윤강미 글 그림, 창비, 2019

• 흑지에 오일 파스텔

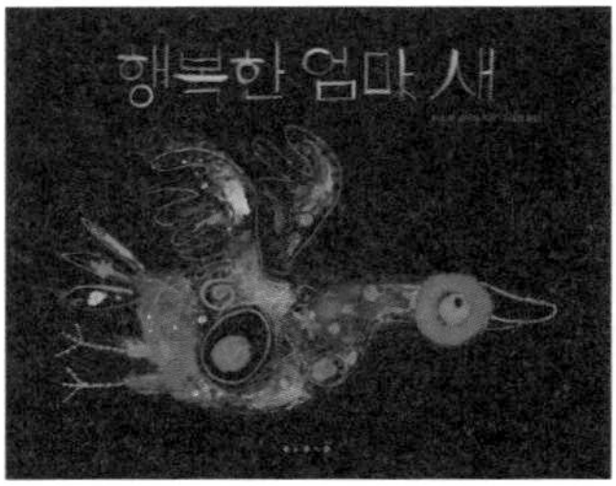

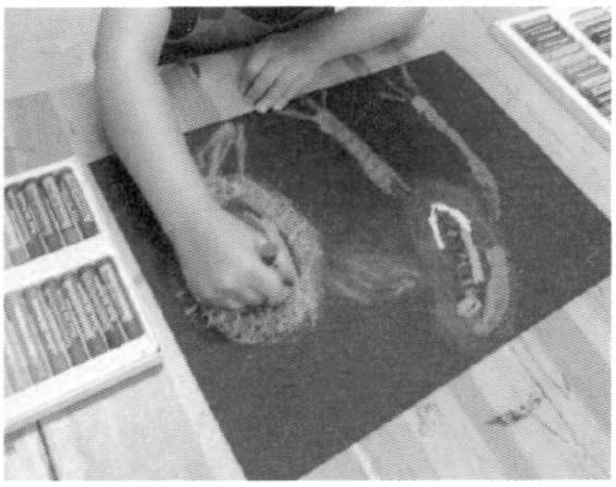

《행복한 엄마 새》, 미스 반 하우트 글 그림, 보림, 2014

• 크라프트지에 흰색 물감, 사인펜

《가래떡》, 사이다 글 그림, 반달, 2016

• 마블링 기법과 유성펜

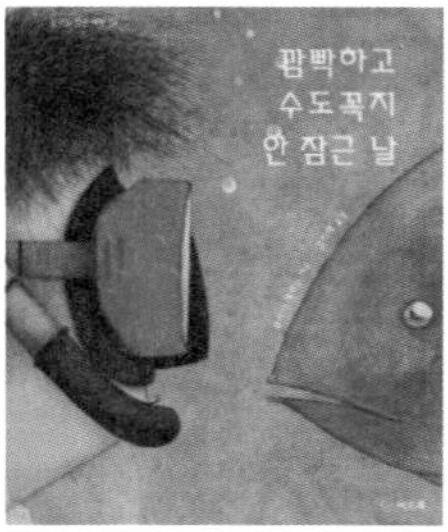

《깜빡하고 수도꼭지 안 잠근 날》, 루시아 세라노 글 그림, 씨드북, 2016

• 다양한 재료와 콜라주

《나비 엄마의 손길》, 크리스티앙 볼츠 글 그림, 한울림어린이, 2008

• 팝업북으로 색연필과 물감 채색

《바다 이야기》, 아누크 부아로베르 글, 루이 리고 그림, 보림, 2014

• 크라프트지 위에 연필로 육면체 종이 접어 표현하기

《고양이 알릴레오》, 강지영 글 그림, 느림보, 2013

• 검정색의 명도 차이와 파란 물감, 파란 펜으로 작업

《파란 고양이》, 허지영 글 그림, 로그프레스, 2014

그리기 어려울 때는 시선을 바꿔라

앞의 사례들에서처럼 그림책 원화의 이미지를 보고 다양한 미술 기법을 응용할 수 있다. 그림을 보고 가장 잘 표현할 수 있는 재료는 무엇인지 찾아보고, 아이들이 표현하고자 하는 재료를 찾아 경험하게 한다. 그림 도구와 스토리가 준비되었다면 다음은 아이들 자신만의 개성이 담긴 구도를 정한다. 아이들은 무의식적으로 화지를 가로 방향으로 놓고 그대로만 고집하는 경우가 종종 있다. 이런 경우는 다양한 예시를 들어 고정관념을 벗어나게 해주고 다양한 관점에서 종이의 공간을 활용해 주제를 표현할 수 있도록 알려준다.

시작하기를 어려워하는 경우 창밖으로 보이는 저 멀리 지나가는 자동차와 아파트를 관찰하게 한다. 나는 손가락으로 사각 프레임을 만들어 그 안에 보이는 것들이 무엇인지도 찾아보게 했다. 또는 바닥에 엎드린 동작에서 바로 눈앞에 보이는 것을 그려보게 하거나,

의자 위에 올라가서 아래로 내려다보이는 풍경이나 사물을 그리게 한다. 그러면 평소에 보이지 않았던 새로운 것들을 발견할 수 있다.

창문을 열고 아래를 내려다보면 도로 위의 사람은 까맣고 동그란 점으로만 보인다. 아이들은 멀리 보이는 자동차가 장난감 같다고도 한다. 수업 중 원근감을 설명할 때도 이렇게 하나하나 짚어가며 동일한 방법으로 이해시켜준다. 가끔은 스마트폰으로 아이들이 바라본 부분을 사진으로 찍어서 보여주며 "우리는 지금부터 개미 눈이 되어보는 거야! 이것은 무엇인지 맞춰봐!"라고 사진의 사물 맞추기 게임도 한다. 아이들이 다양한 관점에서 바라보게 되는 재미있는 방법이다. 아이들은 보이는 만큼 그려낸다.

책과 함께 신나게 놀면서 그리기

그림책으로 하브루타 미술 놀이

그림책을 도구로 활용할 준비가 되었다면 다음 단계에서는 아이들을 어떻게 미술 놀이로 유도할지 고민해야 한다. 언어적으로도 부족하고 그림으로도 표현이 미흡할 수밖에 없는 4~6세 정도의 아이들에게는 책을 읽고 나서 놀이로 풀어내는 미술 수업이 적합하다. 다음 두 가지 예시로 이해를 돕고자 한다.

다 같이 그리는 하브루타 미술 놀이

그림책 《아주 아주 큰 고구마》는 파란하늘유치원 아이들이 고대하던 '고구마 캐기' 체험활동이 비가 오는 관계로 취소가 되자, 낙심한 아이들이 아쉬운 대로 고구마를 그리기 시작하며 벌어지는 이야기를 담은 책이다.

책 내용처럼 아이들이 함께 하브루타 미술 놀이 활동을 할 수 있다. 고구마를 탐색하고 물감에서 고구마와 비슷한 색을 찾는다. 고구마를 표현할 수 있는 자주색 물감을 만들어보고, 커다란 전지를 바닥에 깔고 크고 작은 다양한 붓이나 롤러를 사용하게 한다. 재미있는 것은 고구마는 모양이 일정하지 않아, 손이 가는 대로 마음대로 그려도 모두 고구마 같아서 아이들이 더 좋아한다.

《아주 아주 큰 고구마》, 아까바스에끼찌 글 그림, 창비, 2007

한바탕 물감 놀이가 끝나면 종이가 마른 후 크레파스나 마커로 이야기를 만들며 놀면 된다. 점 하나가 개미가 되기도 하고, 선을 쭉 쭉 그어서 길도 만들고, 사다리를 만들기도 한다.

아이들은 큰 고구마에 가족들을 태워주기도 하고 큰 고구마의

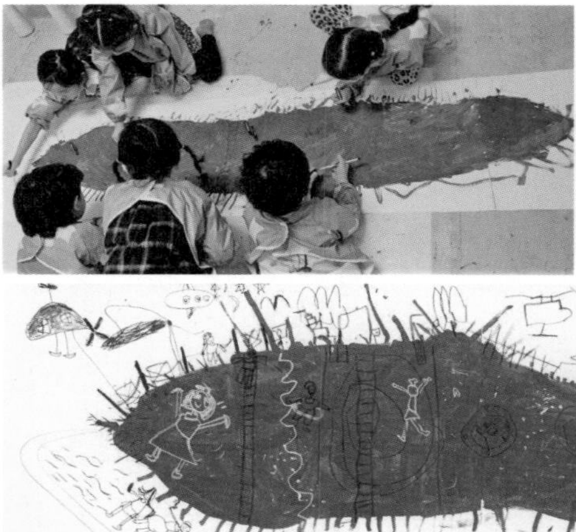

배경에 바다를 그려 큰 배로 변형하는 등 생각하는 힘을 발휘했다. 이렇게 아이들은 생각이 그림이 되는 미술 놀이에 푹 빠진다. 뭐든 놀이가 우선이다. 놀이로 몰입을 경험하고 나면 자연스럽게 다음 단계인 창의적 미술교육으로 이어질 수 있다.

책을 모티브로 콜라주 하기

두 번째는 《배고픈 애벌레》, 《브라운 베어》 등으로 친숙한, 살아있는 동화계의 거장 에릭 칼의 그림책을 모티브로 한 수업이다. 도구에 따른 화면의 텍스처가 다름을 직접 체험을 통해서 알 수 있다.

《배고픈 애벌레》, 에릭 칼 글 그림, 더큰, 2007

아이들은 작가의 작품처럼 커다란 빗자루에 물감을 묻혀 이리저리 찍으며 콜라주의 바탕색 종이의 텍스처를 만들어보았다. 팔을 크게 벌리고, 손바닥과 발바닥으로 물감을 찍는 등 온몸을 크게 쓰면서 평소에 책상에 앉아서 하는 그리기 시간에는 쓰지 않던 대근육을 활용하게 된다. 아이들 모두 수업 내내 에너지를 발산하며 즐겁게 놀고 작업했다. 붓과 연필로만 그림을 그린다는 고정관념에서 벗어나, 생활의 모든 것이 미술의 표현도구가 될 수 있다는 창의적인 사고를 키워주는 수업이었다.

그림책으로 그림 그리기

아이와 함께 하브루타 미술을 할 그림책을 선택했다면, 먼저 책 표지 그림부터 감상하고 느낌을 함께 이야기한다. 그림을 보고, 그림이 말하려는 것을 느끼는 것부터가 수업의 시작이다. "어떤 내용을 담은 책일까?", "표지 그림에서 어떤 감정이 느껴질까?"라는 질문으로 시작한다. 질문을 통해 미처 보지 못했던 것들을 찾아보게 되고, 때로는 어른보다 아이들이 더 많은 것을 찾아내기도 한다.

그림책의 모든 요소는 아이의 그림 그리기에 영감을 주는 아이디어의 백과사전이다. 따라서 아이의 생각을 메모하면서 먼저 질문과 대화로 이야기를 끌어간다. 이후 그림으로 표현할 때는 최대한 메모했던 스토리를 반영하도록 한다. 아이는 스스로 주인공 또는 작가가 되어 깊이 몰입하며 작가의 감정을 느끼게 된다. 이때 책을 읽으며 질문을 이어가더라도 미술 작업으로 연계하는 활동은 아이가 몰입할 수 있는 타이밍에 하는 것이 좋다.

아이들 각자의 스토리가 정해지면 두 가지 방법으로 그리기 준비를 한다. 하나는 최대한 원작의 느낌을 살릴 수 있는 재료를 준비하는 것이고, 나머지 하나는 원작의 느낌을 배제하고 스토리에 충실하면서도 완전히 새로운 그림체나 만들기로 진행하는 방법이다.

작가의 일러스트 기법으로 표현하기

그림책 《엄마 까투리》의 원작 그림을 참고해 하브루타 미술 수업을 진행했다. 민혁이는 최대한 원화 작가와 동일한 그림 기법으로 화선

그림 4-7 그림책 《엄마 까투리》 본문에 있는 원화

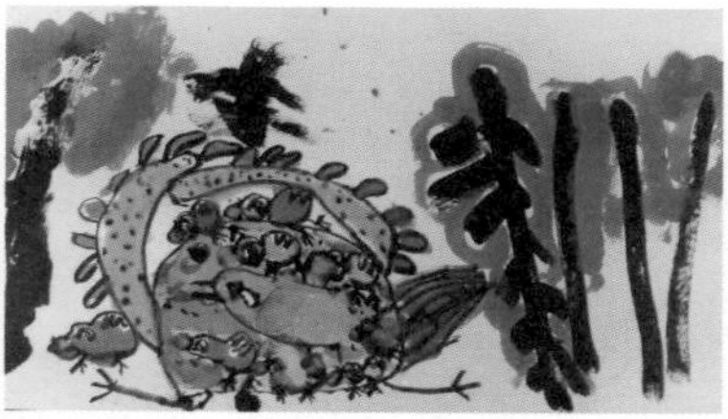

그림 4-8 7세 민혁이가 원화와 같은 기법으로 그린 그림

지에 먹 선으로 표현했다(그림 4-8). 기법은 유사하지만, 아이만의 스토리와 이야기를 담아 새로운 그림을 그려내었다.

작가의 일러스트 기법과 다른 기법으로 표현하기

그림 4-10은 아이들이 민들레 홀씨를 불었던 자신의 모습을 떠올리며 그린 그림이다. 원작과는 다른 기법으로 흑지 위에 나무젓가락으로 만든 펜으로 흰 물감을 찍어 민들레꽃을 세밀하게 그렸고, 동그란 스펀지로 도장 찍기, 물감 뿌리기 등으로 홀씨를 표현했다. 원작과는 다른 아이만의 개성 있는 기법과 그림체를 마음껏 그리면 된다.

그림 4-9 《강아지똥》 그림책 원화

그림 4-10 6세 승준이가 원화와 다른 기법으로 그린 그림

5장

한 걸음 더: 디지털 드로잉 시작하기

디지털 세상, 미래의 생존 가능성을 높여라

스마트폰이 없으면 안 되는 세상

코로나19로 세상은 충분한 준비 기간도 없이 너무도 갑작스레 교육, 문화, 예술, 경제 등 모든 분야에서 온라인에 더욱 의존하게 되었고, 이제 스마트폰은 선택이 아닌 필수가 되었다. 학교 수업도 비대면으로 진행할 수밖에 없게 되었고, 이제 온라인 클래스는 일상이 되었다.

지금의 아이들은 스마트폰이라는 무한 지식의 도구를 장착하고 태어났다 해도 과언이 아니다. 때문에 이제는 단순 암기식 공부의 시대가 아니다. 그리고 이런 시대일수록 더욱 강조되는 것이 바로 사람에 대한 이해다.

《포노 사피엔스》의 최재붕 저자는 "스마트폰은 선택이 아닌 필수이고, 중요한 것은 경쟁력 있는 '따뜻한 포노 사피엔스'를 만드는 것이다"라고 말한다. 그렇다면 최첨단 디지털로 무장했으면서도 어떻게 따뜻한 감성과 인성을 갖춘 인재를 만들 수 있을까?

저자는 어릴 때부터 아이들에게 세계의 예술, 문화, 철학, 인문, 역사를 가르쳐야 한다고 말한다. 그것은 스마트폰이 대신할 수 없는 분야이기 때문이다.

사람이 기술을 리드한다

'아디다스 스피드 팩토리'는 기술이 사람의 마음을 읽어야만 경쟁력을 갖는다는 것을 증명했다. 아디다스 팩토리가 처음 오픈하면서 3D 기술로 신발을 만든다고 했을 때, 모두가 이것이 미래라며 주목했다. 그러나 얼마 못 가 이곳은 문을 닫는다. 디자인이 너무 투박하고 예쁘지 않아 소비자의 호응을 얻어내지 못했기 때문이다. 결국 디지털 기술은 인간이 원하는 것을 기술적으로 구현해주는 것일 뿐이며, 기술이 사람을 이기거나 대체하지는 못한다.

물론 기술이 발달할수록 인간과 인간의 접촉이 줄어들고, 정서가 메마르는 등의 부작용도 존재한다. 그래서 미국에서는 초등학생에게 심리학을 배우게 하고, 인간에 대해 가르친다. 그뿐만 아니라, 미국의 예일 대학에서는 의대생들에게도 예술 작품의 감상력을 기르기 위한 미술을 필수과목으로 이수하게 한다. 현명한 의사가 되기 위해서는 예술적 감수성이 도움이 된다고 판단하기 때문이다. 의사에게는 환자와의 공감대가 중요한데, 그것은 예술교육을 통해 효과적으로 발달시킬 수 있다는 연구 결과가 발표되기도 했다. 세계의 경제 선진국에서는 창의성, 예술성, 유희를 강조하는 교육으로 빠르게 전환되기 시작했다고 한다.

디자인 감각, 남다른 아이디어, 세련된 컬러 감각, 미적 감각 등은 어느 날 갑자기 생기는 것이 아니다. 어릴 때부터 키워주어야 하는 감각이다. 또한 이러한 능력은 바로 인간에 대한 깊은 이해에서부터 온다. 따라서 미래의 디지털 세대에게는 뇌가 완전히 고착화되기 전인 유·아동기에 우뇌를 충분히 발달시키는 데 최적화된 예술교육이 더욱 절실할 것이다.

디지털 기술이 발전하면 할수록 인간의 삶에 대한 따뜻한 감성과 오감을 지속적으로 자극하는 교육은 앞으로 더욱 주목받을 것이다.

시간과 공간 제약 없이 아이와 작품 만들기

누구나 그림을 그릴 수 있는 세상

SNS상에서 Asney로 활동 중인 지인은 디지털 드로잉을 배우고 직업을 전향하게 된 사례다. 그녀는 미술 전공을 하지도 않았고 기본기가 전혀 없었지만 최근 디지털 드로잉 관련 콘텐츠들이 많이 나오고 있어서 어렵지 않게 디지털 드로잉을 배울 수 있었다.

기본기가 없었던 그녀는 처음 그림을 그릴 때 어려움을 겪을까 고민이 많았다. 어려운 인체를 마스터하고 명암을 파악하다 재미를 잃어버리고 더 발전할 원동력을 잃게 되진 않을까 염려했다. 그러나 디지털 드로잉은 트레이싱(원래 도면 위에 페이퍼를 올리고 도면과 똑같이 그리는 작업)이 가능해, 이걸 어떻게 그려야 하지 고민할 필요 없이 쉽게 시작할 수 있었다.

자꾸 그리다 보니 자신감도 생기고 좀 더 잘하고 싶은 욕심도 생기면서 점점 그림이 발전해 갔다. 한번 그림책을 만들어보고 싶은

그림 5-1 Asney의 작업 과정

마음에 시작한 디지털 드로잉이 이모티콘, 일상 툰, 일러스트 작업, 명함 작업, 굿즈 판매, 소량 제작 가능한 인쇄를 통해 평소 소원하던 그림책까지 만들 수 있게 되었다. 이처럼 그림을 이론부터 배우지 않아도 디지털 드로잉을 통해 많은 것을 경험해볼 수 있다.

디지털 드로잉이란 마우스나 태블릿 등 컴퓨터 기기나 디지털 기기를 이용해 이미지를 그려내는 기술을 말한다. 디지털 기술의 발달은 디지털 패드의 기술 진화로 이어졌고, 이제는 아이디어만 있으면 그림을 못 그려도 스마트폰이나 패드를 이용해 누구나 터치 몇 번으로 얼마든지 완벽한 채색과 오차 없는 반듯한 그림을 그릴 수 있게 되었다. 아날로그적인 감성의 수채화까지 구현할 수 있을 정도로 기술은 나날이 발전하고 있다.

디지털 드로잉의 장점은 수작업보다 수정이 쉬워 틀릴 걱정 없이 편하게 그릴 수 있고, 한 가지 스케치로도 다양한 채색이 가능해 계절이나 시간 등을 자유롭게 표현할 수 있다는 점이다. 과거 딱딱

했던 디지털 그림이 아니라 다양해진 브러시와 레이어 효과로 수작업에 가까운 그림까지도 가능하다. 시간과 공간에 제약이 없이 내 아이와 작품 활동을 할 수 있다.

사용 도구

디지털 드로잉을 시작하기 위해서는 태블릿, 삼성 갤럭시 탭, 애플 아이패드 프로, 펜 사용이 가능한 스마트폰 등이 필요하다.

타블렛

태블릿과 타블렛은 다르다. 일반인에게는 다소 생소할 수 있는 타블렛(Tablet)은 태블릿(Tablet)과 영문 철자는 같지만 업계에서는 컴퓨터에 연결해 그림을 그리는 그래픽 기기로 타블렛이라 부른다.

타블렛은 판 타블렛과 액정 타블렛 두 종류가 있다. 비교적 저렴한 판 타블렛보다 액정 타블렛을 추천한다. 판 타블렛의 경우 적응기간이 길어서, 처음 그림을 그릴 때 사용한다면 그리는 시간이 더디고 마음처럼 그려지지 않아 포기하기 쉽다. 예를 들어 왼쪽 얼굴선을 그리고 오른쪽 얼굴선을 그려 내려오다 보면 턱 끝에서 선이 만나지지 않는 상황이 자주 생기곤 한다.

애플 아이패드 프로

아이패드의 장점은 그리는 느낌이 굉장히 직관적이라 종이에 직접 그리는 것처럼 편안하게 그림을 시작할 수 있다는 점이다. 실제로 아이패드 하나만으로도 웬만한 그림 작업이 가능해서 아이패드만을 이용해 외주 작업을 하는 작가들도 많다. 애플 펜슬을 따로 구매해야 하며, Procreate 앱 사용이 가능하다.

삼성 갤럭시 노트

스마트폰으로도 충분히 그림을 그릴 수 있게 큰 화면과 펜이 있어서 따로 기기를 마련하지 않아도 되는 것이 장점이다.

프로그램

디지털 작업을 위해서는 프로그램이 필요하다. 일반적으로 어도비사의 포토숍, 일러스트레이터, 페인터, 클립 스튜디오 페인트, 페인트툴 SAI 등이 있다.

모바일 기기에서 사용할 수 있는 앱으로는 프로크리에이트(Procreate), 오토데스크 스케치북(Autodesk SketchBook), 어도비 프레스코(Adobe Fresco), 포토숍 스케치, 일러스트레이터 드로우, 클립 스튜디오 페인트 등이 있다. 이 외에 아트플로우, 픽스아트컬러페인트 등의 앱이 있다.

이름	비용	사용가능 기기	난이도	특징
Adobe Photoshop	유료	PC, 갤럭시탭, IPad	중	비트맵 방식으로 퀄리티 높은 드로잉이 가능하고 이미지 편집이 용이하다.
Adobe Illustrator	유료	PC (앱은 태블릿 사용 가능)	상	벡터 방식으로 이미지 확대/축소가 자유로워 다양한 디지털 작업에 사용 가능하고 인쇄물에 적합하다. 하지만 점·선·면으로 이루어지다 보니 섬세한 표현에 어려움이 있다.
Clip Studio Paint	유료	PC, 갤럭시탭, IPad, 스마트폰	중	웹툰, 출판만화를 그릴 때 편리한 기능이 많다. PC의 경우 결제 한 번으로 영구 사용이 가능해 비용 부담이 적다.
Procreate	유료	IPad	하	한 번 결제로 영구 사용이 가능하며 간단한 인터페이스로 기능을 익히는 시간이 짧다. 다양한 브러시와 효과로 디지털 드로잉에 적합하나 캔버스 크기에 따라 레이어 수가 달라진다.
Autodesk SketchBook	무료	갤럭시탭, IPad, 스마트폰	하	인터페이스가 단순하고 스마트폰 드로잉에 적합하다.

오토데스크 스케치북

그림 5-2

무료 앱으로 갤럭시탭이나 아이폰으로 사용 가능하다. 프로그램 안에서 연필, 크레파스, 붓, 펜 등의 재료를 표현해주는 그림도구인 기본 브러시 외에 유료 브러시도 사용할 수 있다. 레이어가 무한대로 제공된다.

이비스 페인트 X

그림 5-3

레이어를 무한대로 사용할 수 있는 것이 장점이다. 다운로드 수가 많아 다른 사람의 과정 영상을 보며 기술을 배울 수 있다. 그림 그리는 과정도 녹화 가능하다. 이비스 자체적으로 유튜브 채널을 운영해 영상으로 사용법을 알 수 있다.

메디방

그림 5-4

클라우드 지원이 되므로 폰 용량이 걱정된다면 장점이다. 다양한 브러시가 무료이고, 만화 칸 나누기 기능, 미끄럼, 손떨림 보정 기능이 있어 그림이 서툴다면 매우 유용하다. 애니메이션과 만화 일러스트 작업에 강점이 있다. 저장 시 간혹 오류가 나는 점이 있다.

디지털 드로잉 도움받기

최근에는 온·오프라인의 클래스가 굉장히 활성화되어 원하는 스타일의 강의를 찾아 시간과 장소에 구애받지 않고 디지털 드로잉을 배울 수 있게 되었다. 그뿐만 아니라 무료 유튜브 영상으로도 다양하고 알찬 강의들을 만나볼 수 있다.

- 오프라인 클래스: 숨고, 솜씨방, 학원 등
- 온라인 클래스: 클래스101, 마이비스킷, 콜로소, 유튜브, 블로그 등

저작권이란?

저작권은 저작자의 권리를 말하며 해당 창작물을 만든 사람의 노력과 가치를 인정하고 보호하기 위해 필요하다. 디지털 드로잉을 할 때 저작권이 있는 사진, 이미지, 폰트를 개인 소장용이 아닌 상업적 용도로 사용한다면 저작권 침해로 법적 문제가 발생할 수 있으니 주의해야 한다. 따라서 참고 이미지나 폰트를 사용할 때는 저작권 허용범위를 꼭 확인해야 한다.

다음은 무료 이미지와 폰트를 사용할 수 있는 사이트다.

- 구글(google.com): 구글 검색의 경우 '상업 및 기타 라이선스'로 검색하면 저작권 문제가 없는 이미지만 검색할 수 있다.

그림 5-5 구글 '상업 및 기타 라이선스' 화면

- 픽사베이(pixabay.com/ko): 무료 이미지 사이트
- 핀터레스트(pinterest.co.kr): 대부분 저작권이 있는 이미지가 많다.
- 눈누(noonnu.cc): 상업용 무료 폰트 안내 사이트

디지털 드로잉으로 경계를 넘다

스마트폰으로 그리기

시대의 흐름상 아이들이 스마트폰을 가까이하는 것은 이미 거스를 수 없는 현실이다. 지금은 아이들이 스마트폰을 좀 더 유용하게 사용하는 방법에 대한 지도가 필요한 시점이다. 기술의 발달로 미술산업 전체 중에서도 디지털 드로잉의 영향력이 실로 엄청나게 커졌다. 대표적인 산업인 한국의 웹툰 시장은 이미 1조 원을 돌파했다. 웹툰 시장의 성장은 디지털 드로잉의 파워를 증명하는 것이기도 하다.

사실 누구나 관심만 있다면 쉽게 도전 가능한 것이 스마트폰과 아이패드를 이용한 그림 그리기다. 디지털 드로잉의 가장 좋은 점은 도구가 간단하다는 것이다. 물감, 붓, 종이, 팔레트, 물통 등을 번거롭게 준비할 필요가 없으며 스마트폰 하나면 충분하다.

아이들과 장거리 여행을 가거나 모처럼 야외로 캠핑을 갔을 때, 아름다운 풍경과 순간을 기록하거나 멋진 그림을 그리고 싶은 충동이 생길 때 언제 어디서나 간단한 도구로 그림을 그릴 수 있다는 것이 디지털 드로잉의 매력이다.

그림이 서툴거나 초보라도 괜찮다. 몇 번만 부모가 알려 주면 아이들은 더 빠르게 적응한다. 준비물도 스마트폰과 터치펜, 그림 앱만 있으면 된다. 스마트폰 중 삼성 '노트' 시리즈에는 디지털 펜이 기본적으로 내장되어 있어 유용하게 사용할 수 있다. 아이폰은 디지털 펜을 추가로 구입해야 한다.

디지털 스케치북으로 그림 그리기

나는 사실 얼마 전까지만 해도 디지털 드로잉에 대해 무지했다. 그러나 변화하는 시대에 따른 기술의 발전을 실감하며 미술교육에도 응용할 만한 디지털 드로잉의 매력에 빠지게 되었다.

기본적으로 펜이 내장되어 있는 갤럭시 노트로 그림 그리기를 알아보자. 비교적 간단하고 사용하기 편리한 '오토데스크 스케치북' 앱을 활용한다. 매우 간단한 편이라 몇 번만 따라 하다 보면 금방 익숙해질 것이다. 디지털 드로잉에 대한 블로그나 유튜브 안내 영상에 자세하게 설명되어 있어 쉽게 도움을 받을 수 있다.

먼저 창작 그림이나 또는 사진을 활용한 그림 그리기가 있다. 이 방법은 라인을 따라 그리는 것으로, 그림을 그리지 못해도 누구든지 가능하다. 먼저 디지털 드로잉에 가장 기본이 되는 레이어와 필압에 대한 이해가 필요하다.

그림 5-6 사진 원본

그림 5-7 라인 드로잉 완성

레이어는 투명하게 밑그림이 비치는 트레이싱지를 그림 위에 겹쳐서 그림을 베껴 그리거나 색칠을 할 때 종이를 겹쳐 그리게 하는 것과 같은 의미다. 필압은 손에 힘을 주고 빼고에 따라 그림 선이 옅어지거나 진해지는 압력을 말하며 이를 이용해 명암을 나타내고 선의 강약을 표현할 수 있다.

그림 5-6은 늦은 여름 바람 부는 바닷가에서 찍은 사진이다. 이 사진을 불러와 라인 드로잉 후 배경을 그대로 살려주니 감성 충만한 느낌의 사진이 완성됐다(그림 5-7). 그리는 방법을 함께 살펴보자.

먼저 '사진첩 이미지 가져오기'에서 사용할 사진을 불러온다. 그 다음 라이브러리에서 그림 도구를 선택한다. 그림 5-7은 테크니컬 펜을 사용했다. 다양한 펜들이 기본으로 있으므로 사용해보고 자신에게 맞는 도구를 사용하면 된다. 우측의 '설정'을 누르고 선의 굵기를 조절해서 사용한다(그림 5-10). 그 다음은 레이어의 불투명도를 40~50퍼센트 정도로 조절한다(그림 5-11). 이후 그림을 확대해 밑그

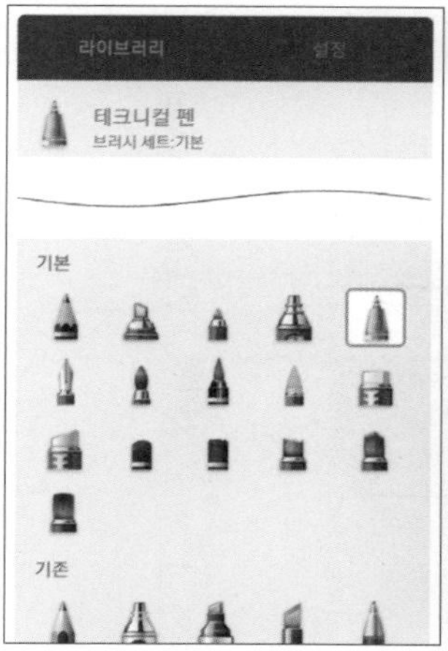

그림 5-8 좌측 상단 라이브러리 브러시 선택

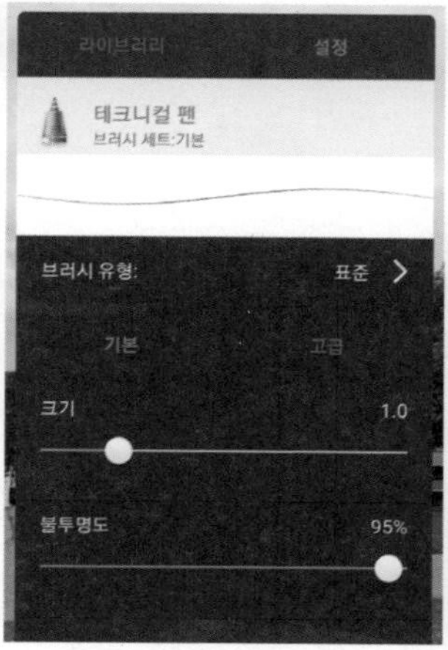

그림 5-9 브러시 설정값 크기 조절 전

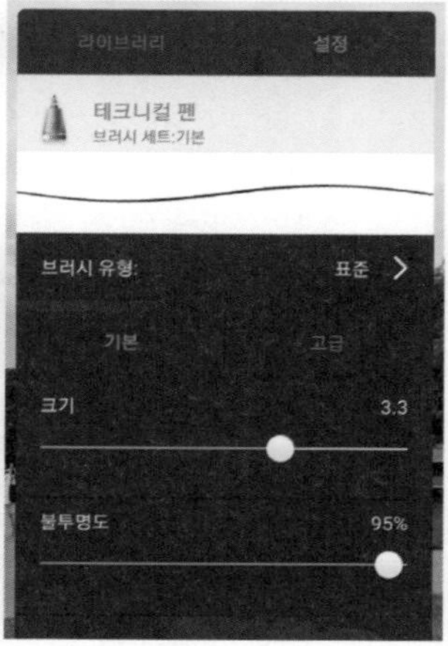

그림 5-10 설정값 조절 후

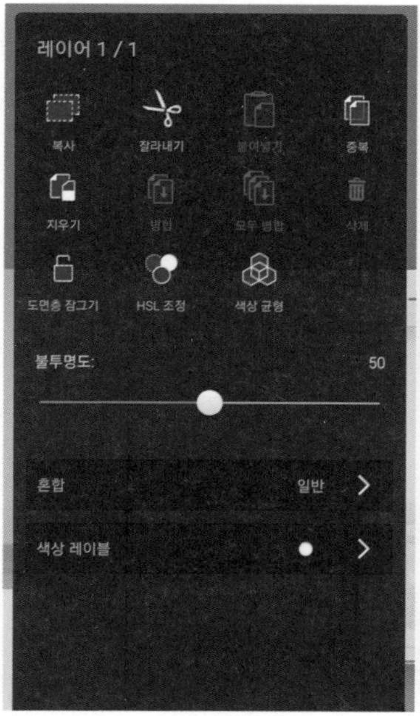

그림 5-11 레이어의 불투명도 조절

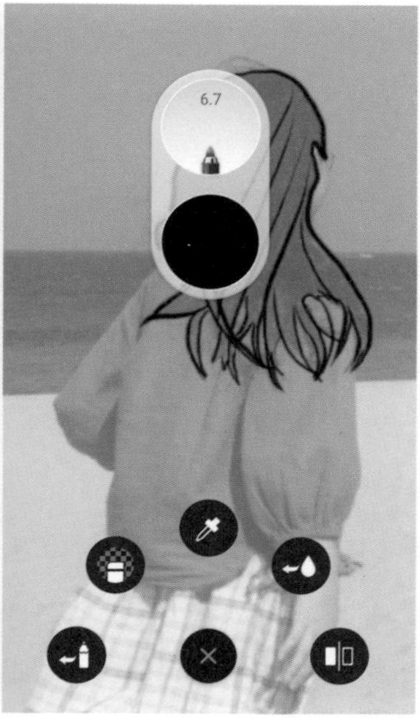

그림 5-12 그림 확대

그림 5-13 레이어 추가

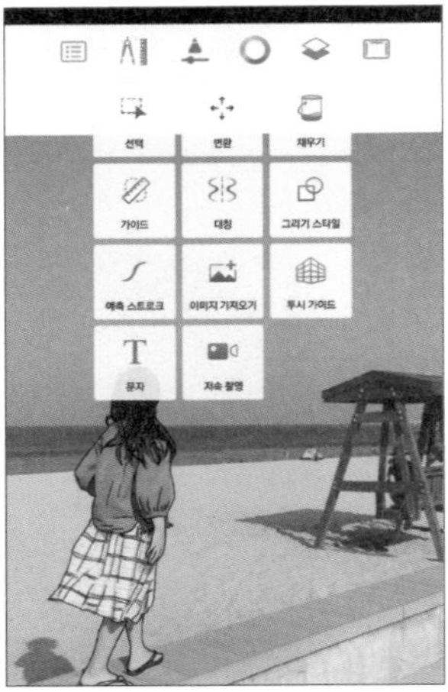

그림 5-14

그림 5-15 완성

림 라인을 따라 그린다(그림 5-12). 이때 우측에 '+' 버튼을 눌러 레이어를 추가해 색칠해야 스케치가 사라지지 않고 깨끗하게 색칠할 수 있다(그림 5-13). 라인을 따라 그린 후 채색해 완성한다. 완성된 그림은 화면 방향을 바꾸는 것도 가능하며 다양한 브러시와 도구로 그림을 추가하거나 삭제해 다양하게 스토리를 창조할 수 있다.

그 외에도 그림의 기본기를 익히고 싶다면 특징을 잡아 도형화하는 방법도 좋다. 내 책상 위의 자, 가위, 컴퓨터, 필통 등의 물건을 사진으로 찍어둔다. 일상의 사물들을 단순화해서 일러스트를 그려본다. 그림 그리기가 막막하다면 평소에 간단한 도안이나 사진으로 저장하고 레이어로 따라 그려보다 보면 어느새 일러스트가 완성된다. 이 모든 것이 스마트폰과 다양한 앱을 사용해 가능하다.

또 일상의 사진들을 사진첩에서 불러와 평범한 일상에 상상력을 더해 특별하게 만들어 나만의 배경화면으로 사용할 수도 있다. 자신의 일러스트를 이용해 스마트폰 케이스를 만들 수도 있을 것이다. 기념일을 더욱 특별하게 만들거나, 친구들의 옷이나 표정을 살려 그림으로 그려 선물할 수도 있고, 장소에 담긴 추억을 그림으로 남길 수 있다.

이 모든 기능이 복잡하지도 않다. 기계치인 나도 하루 만에 앱의 기능을 익히고 한 시간도 채 안 되어 그림을 완성할 수 있었다. 이런 나도 했다면 누구든지 가능하다. 실제로 초등학생 아이에게 권해보았더니 나보다 열 배는 더 빠르게 기능을 익혔다. 일단 시작해보면 시간 가는 줄 모르고 그리기에 푹 빠질 수 있을 것이다.

디지털 드로잉으로 아이와 소통하기

아이와 함께하는 디지털 드로잉

부모와 아이가 함께하는 디지털 드로잉은 또 하나의 새로운 교육이 될 수 있다. 아이가 원하는 사진이나 그림을 빠르게 찾아서 쉽게 자르거나 합성하는 등 다양한 이야기들을 무궁무진하게 만들어 볼 수 있다.

한편 디지털 드로잉으로 아이와 그림을 그릴 때도 아날로그 미술교육의 하브루타 질문을 통해 대화를 이끌어갈 수 있다. 앞에서 사진을 대고 그렸던 그림의 배경을 그림 5-16과 같이 사진첩에 찍어둔 일출 풍경으로 바꾸었다. 가족과 함께 갔던 여행지에서의 일출 사진을 불러와 배경으로 바꾸고 즐거웠던 그때의 기억을 되살려 추억할 수 있다. 마치 언덕 위에서 노을 지는 바닷가를 바라보는 듯한 그림으로 바뀌었다.

그림 5-17은 집에 있는 화분을 찍어 배경으로 바꾸고 유리계단

그림 5-16 일출 사진으로 배경 변경

그림 5-17 유리 계단을 그린 모습

을 그려줬다. 집 안의 일상을 카메라로 찍으면 작은 화분도 근사한 동화 속 장면이 된다. "무엇처럼 보일까?"라고 물으니 아이는 "제가 마치 숲속에 온 엄지공주 같아요! 우와, 신기하고 재미있어요"라고 말한다. "무엇이 더 필요할까?"라는 질문에, 아이는 계단을 그려주고 싶다며 다양한 브러시를 사용하고 지우고를 반복하더니 유리계단 같은 느낌으로 완성했다.

이처럼 배경을 없애거나 다른 배경으로 바꾸거나 하면서 새로운 스토리를 창작해 다양하게 활용할 수 있다.

다음 페이지의 그림 5-18은 아이가 만들어둔 레고 놀이동산을 찍어서 배경으로 바꾸어준 것이다. 그러자 이번에는 놀이공원에 온

그림 5-18 레고 놀이동산으로 배경 변경

그림 5-19 스토리를 더해 창작 그림을 완성한 모습

것 같다며 마음에 들어 했다. 아이는 작년에 갔던 놀이동산을 떠올리며, 그림 그리는 내내 자기가 표현하고 싶은 이야기를 쉬지 않고 들려주었다.

"지금은 밤인 것 같아요."

"놀이기구가 움직이는 것처럼 흰색 마커로 표현하고 싶어요."

"고양이 헬륨 풍선도 갖고 싶어요!"

"목이 마르니깐 초코우유 파는 언니도 그려주면 좋겠어요!"

딸아이와 함께 스마트폰 하나로 소통하고 창작하고 추억을 소환하며 그림 그리기에 푹 빠졌다. 이처럼 아이가 그린 그림으로도 스마트폰만 있으면 엄마와 아이의 소통이 가능하다. 디지털 드로잉은 아날로그에 익숙한 나와 디지털이 능숙한 아이가 서로의 간격을 줄일 수 있는 새로운 도구가 되어주었다.

미래의 콘텐츠 변화와 교육의 방향 잡기

시대의 변화로 본 미래의 교육

커리큘럼의 차이는 있겠으나, 아동의 미술교육 분야에서 오랜 시간 지속되어온 테크닉 위주의 실기 수업은 마치 주입식 교육과 흡사하다. 교과목의 지식을 듣고, 쓰고, 암기하고, 시험 치고 나면 잊어버리듯 미술에서도 주입식으로 기술적인 부분을 외우고, 따라 하고, 시간이 지나면 잊어버린다. 더 문제는 그 이상의 부작용이 존재한다는 것이다.

미술교육은 이제 시각적 창작물을 만들어내는 교육만이 아니라 하나의 '라이프 코칭'이 되어야 한다. 과거에는 한 분야의 지식만 갖고도 성공이 보장되는 시대였기에 지식 중심 교육을 해왔지만, 오늘날에는 우뇌의 창의력을 최대한으로 키워 다양한 분야에서 협력하고 감응할 수 있는 교육을 해야 한다.

미래학자 다니엘 핑크는 그의 저서 《새로운 미래가 온다》에서 더욱 분명하게 우뇌형 사고를 지닌 사람의 시대가 왔음을 예견했다. 그의 주장을 살펴보자.

> 지난 150년 동안 농부의 사회에서 공장 근로자의 사회로, 또 지식근로자의 사회로 발달했다. 그리고 이제 창작자와 타인에게서 감정적 공감대를 이끌어낼 수 있는 사람들의 사회로 발전하고 있다. (중략) 좌뇌적 사고는 여전히 필요불가결하다. 하지만 더 이상 그것만으로는 부족하다. 하이컨셉(예술적, 감성적 아름다움을 창조하는 능력), 하이터치(공감을 이끌어내는 능력) 시대에 우리에게 필요한 것은 양쪽 뇌를 모두 활용하는 새로운 사고라 할 수 있다.
>
> – 다니엘 핑크, 《새로운 미래가 온다》, 한국경제신문, 2012

그의 조사에 따르면, 새로운 사고의 시대가 왔다는 것을 2000년대 미국의 예술대학원 지원자 수가 급격히 증가한 것으로도 알 수 있다고 한다. 예술대학원 졸업생들이 기업의 요직에 발탁되는 비율이 늘어나고 있는 현상은 사회의 변화를 입증하고 있다는 것이다. 시사주간지 《이코노미스트》는 오랜 시간 고생해야 했던 기초적인 업무가 통신기술의 발달로 저임금의 인도와 러시아, 중국 등 아시아 MBA들에게 넘어가고 있다고 분석했다.

> 오늘날 미국인들 중에는 변호사, 회계사, 노무사보다는 예술, 엔터테인먼트, 디자인에 종사하는 사람이 더 많다. 지난 10년 동안 미국의 그래픽 디자이너 수는 10배 이상 늘었다. 영국의 애널리스트 존 호킨스는 창의적이라는 표현을 좀 더 확실하게 규정(디자인에서부터 예술 공연, 연구 개발, 비디오 게임에 이르기까지 15

개 분야를 창의적 분야로 규정)하면서, 영국에서 매년 창의적인 분야가 2000억 달러에 이를 것으로 추산했고, 하이컨셉 국가가 세계에서 가장 큰 규모의 경제를 갖게 될 것이라고 전망했다.

– 다니엘 핑크, 《새로운 미래가 온다》, 한국경제신문, 2012

그의 예견에 따라 분석해보면 우리나라도 소프트웨어 엔지니어 분야는 머지않아 우리보다 임금이 저렴한 인도 등의 나라에 아웃소싱하게 될 가능성이 높다. 미국과 유럽의 화이트 컬러 전문직 종사자들이 당면한 문제가 우리에게도 현실이 되어가고 있다. 이것이 우리의 교육이 지식 교육을 벗어난 예술교육과 창의교육으로 변화해야 할 이유다.

앞으로의 미술교육

미술에서도 단순한 기교를 배우는 미술교육은 앞으로 외면을 받게 될 것이다. 지금도 많은 온라인 콘텐츠의 홍수 속에 테크닉을 독학으로 터득할 수 있는 자료는 차고 넘친다. 초등 고학년만 되어도 혼자서 그리기를 반복해 연습한다면 테크닉은 향상된다. 유튜브 채널에서 '그림 그리기', '그림 그리는 법'으로 검색해 시간을 들여 연습하면 누구든지 잘 그리는 것이 가능하다.

실제로 한 번도 미술학원에 다닌 적 없는 초등 6학년 아이가 유튜브를 보고 사물의 공간지각능력을 요구하는 입체 표현과 원근감을 따라 하며 혼자 그림을 배웠다고 한다. 더구나 디지털 드로잉을 이용하면 몇 시간 만에 높은 퀄리티의 그림을 그려낼 수 있다.

앞으로의 교육은 다면화되는 세상에 맞추어 다양한 개인의 성향을 고려한 맞춤지도법으로 발전해갈 것이다. 적극적이기는 하나 지루함을 못 참고 성격이 급한 아이, 속도가 느리지만 꼼꼼한 아이, 소극적이고 자신감이 없지만 꾸준한 아이, 고집이 있으나 주도적이고 계획적인 아이 등 제각각 성향이 다른 아이에 맞춰 교육이 진행되어야 한다. 또한 전문가의 직접 지도보다 더 중요한 것은 양육을 담당하는 주양육자인 부모의 노력과 변화다.

온라인교육이 일반화되어가고 있지만 여전히 선별적인 오프라인의 욕구는 존재한다. 오프라인에서 직접 만지고, 먹고, 향기 맡으며 오감을 동반하는 수업은 디지털 기계로는 대신할 수 없다. 특히 4세 이전의 미술 놀이는 부모와의 애착 형성과 정서발달에 꼭 필요한 감각 자극 놀이가 되어야 한다. 이는 미래의 성인이 될 아이가 갖추어야 할 감성과 인성을 발달시키는 과정이 되기 때문이다. 유년기에 정서발달이 불안정한 아이는 성인이 되었을 때 분노조절 장애 또는 소시오패스가 될 확률이 높다는 연구결과도 있다.

다시 말하지만 가장 중요한 것은 부모의 역할이다. 부모 자신이 하브루타 미술교육을 이해하고 질문을 통해 대화한다면, 굳이 사교육에 의존하지 않아도 아이는 창의적인 아이디어를 연마하는 사고의 습관을 들일 수 있다. 가정에서 부모가 주제나 재료를 다양하게 준비해 노력하는 만큼 아이는 적극적으로 반응하고 발전할 것이다.

그렇다고 부모가 완벽할 필요는 없다. 부모는 전공자가 아니어도 그림을 못 그려도 괜찮다. 사랑하는 마음 하나면 충분하다. 사랑은 모든 것을 가능하게 하기 때문이다.

하브루타 미술교육으로 세계 시장을 꿈꾸다

새로운 꿈을 꾸게 하는 인생의 네 번째 질문

하얗고 작은 통통한 손, 꼬물꼬물한 입술, 예쁜 걸 좋아한다며 분홍색으로 칠하고 비즈 스티커를 받아 너무나 기뻐하는 아이들의 소박하고 순수한 모습은 보고 있기만 해도 행복한 미소가 지어진다. 가끔 재능이 있어 보이는 아이에게 “나중에 예쁜 거 만드는 디자이너가 되면 좋겠다”라고 하면 아이는 “아니요. 저 큰 언니 될 거예요”라고 대답한다. 정말 순수 그 자체로 참 사랑스러운 아이들이다.

1996년 처음 순수하고 너무도 예쁜 아이들을 미술로 만났고 나와 인연을 맺은 아이들이 미술로 변화되는 모습에 보람과 행복감을 느꼈다. 미술교사는 나의 천직이라고 생각한다. 아이들의 마음을 알아가는 것도, 부모님들과 아이들에 대한 이야기를 나눌 때도 늘 즐거웠다. 내가 즐기는 일로 책을 출간하게 돼서 그 또한 너무도 감사한 마음이다.

어느 날 한 분이 연락이 왔다. 소상공인방송에서 나온 나의 강연 모습을 보고 연락처를 적어두셨다고 한다. 그분은 우리 센터의 프로그램을 보며 이런 교육을 받는 아이들은 창의적일 수밖에 없고 이 교육을 받는 것이 바로 애국하는 길이라며 내가 하는 일에 대해 감사하게 말씀을 해주셨다. 그분을 뵙고 난 후 내 안에 "내가 끝내 이루고 싶은 꿈은 무엇인가?"라는 질문이 들었다. 질문은 또 다른 목표를 만들어주었다. 이왕이면 꿈을 크게 꾸라고 했다. 꿈꾸는 데 돈 드는 건 아니니까, 혹시 모르는 일이다. 말이 씨앗이 된다는 말이 있듯 이루어질 가능성도 충분히 있다고 믿는다.

이제는 독일식, 미국식, 프랑스식 선진국의 프레임을 앞세우지만 정작 알맹이가 빠진 포장지를 벗어던질 때다. 디테일한 커리큘럼을 상위 1퍼센트 유대인의 하브루타 교육으로 발전시켜서 세계의 아이들에게도 한국인이 완성시킨 미술교육을 전파하길 희망한다.

감사와 희망의 시간

책 쓰는 기간이 길어지며 코로나19가 창궐하였고 그로 인해 많은 것이 변화되었다. 그동안 앞만 보고 달려온 나의 삶의 패턴에 제동이 걸리고 아이러니하게도 진정 소중한 것이 무엇인지 알게 된 소중한 시간이었다. 책을 쓰는 고통의 시간들이 그리 나쁘지만은 않았다. 결과적으로 인간적으로도 많이 성장하는 계기가 되어주었다. 결국 나의 성장의 끝에는 내가 일구어온 재능을 더 나은 사회를 위해 봉사하는 도구로 쓰이길 바란다. 소외된 환경의 아이들에게 따뜻한 유년기의 기억을 행복한 미술교육으로 채워주고 싶다.

또한 내가 그랬듯 처음 아이들을 만나 어떻게 해야 할지 막막한 사회 초년생 선생님들, 경력단절 여성들에게 이 책이 진심으로 도움이 되길 바란다. 자신감이 위축된 삶에서 벗어나 전문 아동미술 컨설턴트가 되기까지 경험했던 내 모든 노하우를 나와 같은 환경에 놓였던 세상의 모든 이들과 함께 나누고 싶다. 이 책이 그들에게 희망이 되길 바란다.

탈고를 끝낸 지금, 한강이 내려다보이는 사무실에서 창밖을 바라본다. 흐르는 강을 보고 있자니 내가 탈고를 했다는 사실이 실감이 나지 않는다. 1년이 넘는 시간을 원고와 씨름하며 보내고 나니 마치 1년이 10년 같은 기분이 든다. 이렇게 쓰고 나니 새벽 아침을 맞으며 잠시 쪽잠을 자던 밤낮이 바뀐 시간들이 불현듯 떠오른다. 아마 출판사와의 계약을 하지 않은 상태였다면 포기했을지도 모를 고통스러운 순간이 있었다.

연로하신 아버지는 여든이 넘은 연세에 암 수술의 후유증으로 사경을 헤맸고, 어머니 또한 연초에 일어난 사고 후유증으로 병원과 집을 오가는 어려운 상황의 연속이었다. 병원에서 밤을 새우며 '아버지, 어머니, 셋째 딸 책 출간되는 거 보셔야지요. 제발 그때까지만이라도 두 분 건강하게 계셔주세요'라고 기도했다. 다행히 간절함이 통했는지 두 분 다 지금은 건강을 많이 회복한 상태다. 책을 마무리하고 보니 세상은 더불어 살고 있다는 당연함을 다시 깨우쳐 준 계기가 되었다.

고단한 가장의 자리를 꿋꿋이 지켜주신 산 같은 아버지, 산골 소녀를 강하게 키워주신 어머니, 1남 3녀 셋째로 철없는 시절 참 많이도 싸웠지만 누구보다도 애틋한 우리 형제들 사랑하고 감사한다.

나를 살게 해준 내 딸 리원이, 항상 다른 친구들을 바라보고 있을 때, 늦은 시간까지 엄마 센터에서 엄마가 끝나길 기다려도, 갑작스러운 상담으로 학교 앞에서 한없이 기다리게 해도 너는 너무도 의젓한 아이였어. 한 번도 나를 힘들게 하지 않고 오히려 나에게 힘이 되어준 내 딸 리원이에게 엄마는 "늘 네가 내 딸이어서 너무 감사해"라고 말해주고 싶다. 너로 인해 많은 것을 배우고 엄마도 성장했단다.

'아낌없이 주는 나무 미술 창작소'에서 지내온 시간 동안 함께 웃고 울던 서하 언니에게 고마움을 전한다. 우리 센터에서 나의 까탈스러운 컨펌들을 모두 받아주며 수준 높은 콘텐츠를 함께 개발해준 선생님들, 도움을 준 연희 선생님, 그리고 늘 힘이 되어주었던 선우 엄마 성희와 가까운 이웃에서 학부모로 인연을 맺고 신뢰와 응원을 보내주었던 많은 분들께 감사 인사를 전한다. 원고 작업을 기다려 준 출판사 관계자 여러분들께도 감사의 마음을 전한다.

마지막으로 내가 포기하고 싶을 때마다 차가운 머리로 심플하게 나를 이끌어주던 나의 평생 파트너, 든든한 나의 조력자 남편에게도 깊은 감사의 말을 전한다.

북큐레이션 • 내 아이를 사랑으로 키우고 싶은 부모들을 위한 책

《하브루타 미술 교과서》와 함께 읽으면 좋은 책. 부모가 이해와 공감으로 아이에게 사랑을 줄 때 가장 건강한 가정을 만들 수 있습니다.

화 잘 내는 좋은 엄마

장성욱 지음 | 14,500원

이제 제대로 화내고 건강하게 풀자!
아이에게 불같이 화내는 엄마들을 위한 '분노 조절 지침서'

아이들에겐 죄가 없다. 아이들의 뇌는 아직 발달 중이고, 몸과 마음 모두 자라나느라 벅차 실수와 잘못을 연발할 수밖에 때문이다. 이때 부모가 할 일이란 아이의 실수에 괜찮다고 격려하며 응원해주는 일이다. 이 책은 언제, 어떻게, 어떤 방식으로 아이에게 엄마의 화를 전달할지를 조목조목 알려주며, 부모의 마음도 더불어 살펴볼 수 있도록 돕는다. 아이에게 버럭 소리를 지르고는 죄책감에 시달리는 부모, 어떤 특정한 상황에 유난히 화나는 부모, 자녀에게 제대로 화 한번 못 내는 부모 모두에게 필요한 지침서가 될 것이다.

아이가 달라지는 엄마의 말

도미향 지음 | 14,500원

아이의 속마음을 읽고 감정을 다스리는
최고의 코칭 대화법

두 아이를 코칭으로 키우며 18년간 부모 코칭 전문가로 활동한 저자가 부모와 아이 모두 행복해지는 소통의 방법을 제시한다. 저자가 강조하는 해법은 바로 성찰과 코칭의 대화를 실천하는 부모다. 이 책은 아이를 가르치기보다 이끌고, 아이에게 말하기보다 들으며, 간섭하기보다 자율성을 주는 올바른 부모 코칭 대화법을 사례별로 알려준다. 저자가 알려주는 대화법을 따라 하면 성공하는 자녀, 자기 삶을 주도적으로 살아가는 자녀로 키우는 데 큰 도움이 될 것이다.

가정과 야외에서
실천할 수 있는
위험 회피 교육

부모가 반드시 알아야 할 우리 아이 안전교육

홍승범 지음 | 13,500원

언제 어떻게 닥칠지 모르는 사고의 위험에서 우리 아이를 가장 안전하게 지키는 부모 안전교육 안내서!

저자는 두 아이를 키우는 아빠로서 아이들이 자라는 환경이 안전하지 않다는 사실을 같은 입장에 있는 모든 부모들에게 알려서 소중한 아이들이 더 이상 죽거나 다치지 않고 안전하고 건강하게 자랐으면 하는 마음으로 책을 집필했다. 이 책은 그동안 발생했던 국내외 대형 사고의 원인 분석에서부터 시작해 현재 아이 주변의 안전 상황 점검, 학교에서 시행하는 안전교육문제, 가정을 포함해 도로, 학교, 자동차, 물놀이장 등 야외활동에서 아이와 함께할 수 있는 안전교육까지 자녀 안전사고 예방과 관련된 내용들을 충실히 담고 있다.

창의적 인재로
키우는
최강의 공부법

하브루타 독서토론 교과서

이은주 지음 | 18,000원

말 잘하고, 글 잘 쓰고, 주관과 생각이 뚜렷한 아이의 비밀은 독서토론에 있다

두 아이를 사교육 없이 독서토론법으로 공부를 가르쳐 국제고등학교에 입학시킨 저자가 불안한 교육 현실과 그 아래서 중심을 잡지 못하고 흔들리는 학부모에게 최강의 공부법을 제시한다. 이 책은 아이들과 독서토론을 시작하는 방법부터 아이들을 자발적인 토론 중독자로 만들 수 있는 노하우와 정보를 소개한다. 또 영재교육원이나 특목고에 진학하려는 학부모와 아이들에게 실제적인 도움을 주기 위한 정보도 담겨 있으며 초, 중등생이 읽어야 할 도서와 논제, 특목고 면접 예상 문제, 과학토론개요서, 영재교육원 자기소개서 등을 담았다.